MW00780293

ISBN: 979-8-9885932-0-1
Página web: Https://doctoroquendo.com

Equipo de autopublicación:
Programa Emprende Con Tu Libro

Mentoría en autopublicación estratégica y gerencia editorial: Anita Paniagua
www.emprendecontulibro.net

Edición y corrección de prueba: Yasmín Rodríguez
The Writing Ghost®, Inc.
www.thewritingghost.com

Diseño gráfico y portada: Diseño Visual Gráfico, LLC
www.dvgcorp.us

Fotografía del autor: Rosario Fernandez Esteve
www.rosariofe.com

Todas las citas bíblicas son de la versión Nueva Versión Internacional (NVI), actualización del 2011.

Este libro y todo su contenido es resultado del conocimiento y pensamientos del autor. Este libro no pretende sustituir el consejo de otros profesionales de la salud. Este libro ofrece información y consejos sobre las relaciones de pareja con el propósito de ayudar a los lectores a estar mejor informados y poder autoayudarse. Consulte a su terapista antes de seguir los consejos propuestos por el autor. Cualquier uso de la información expresada en este libro queda a discreción del lector. Aunque el autor y su equipo de producción han hecho todo lo posible para garantizar que la información en este libro está correcta al momento de publicar, no asumen ninguna responsabilidad por cualquier pérdida o daño por causa de errores u omisiones y no se responsabilizan por los sitios web y su contenido mencionados en este libro que no son de su propiedad.

En este libro se usan ejemplos de casos sacados de las experiencias del autor en su práctica privada. En esos ejemplos se cambiaron los datos demográficos de los participantes (género, edad, ocupación, localización, y otros) además de cambiar los nombres para proteger las identidades correspondientes.

Lenguaje inclusivo: El género gramatical (masculino, femenino) suele asociarse al sexo biológico; sin embargo, gramaticalmente incluye en su referencia, en condiciones de plena igualdad y equidad, a todos los géneros. En la lengua española el empleo de los sustantivos masculinos genéricos no es una práctica discriminatoria, sino que, al emplearlo, se evitan repeticiones innecesarias y permite el uso de un lenguaje llano, claro y conciso. Siguiendo las recomendaciones de la Real Academia Española (RAE), en este libro se usa el masculino genérico o masculino con carácter colectivo; por consiguiente, no solo se refiere al género masculino, sino a la de todos los géneros que forman parte de la comunidad.

HÁBLAME CON AMOR

Dr. Reinaldo Oquendo Vega

Cómo comunicar, conectar y lograr
una relación íntima y especial
con tu pareja

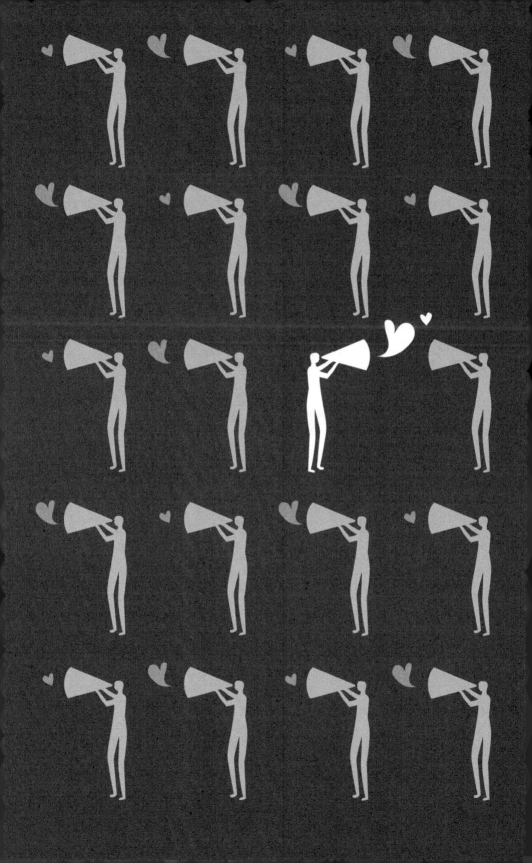

Testimonios

«La experiencia vivida en las consultas y talleres del Dr. Reinaldo Oquendo es diferente. Él tiene la habilidad de explicar los comportamientos humanos por las experiencias vividas unidos a las diferencias biológicas entre un hombre y una mujer. ¡Me encanta!»

Deddie Romero
Cantante, actriz, locutora, empresaria

«He tenido la oportunidad de disfrutar y aprender de los talleres del Dr. Oquendo. Son propuestas inteligentes, basadas en ciencia e investigaciones. Su estilo coloquial y diferente te captura, logrando que entiendas y aprendas facilmente el mensaje. Te aseguro que lo disfrutarás.»

Maria del Carmen Gonzalez
Reportera y analista de farándula de Telemundo

«A la hora de la verdad, mantener una mente sana es tenerte de prioridad, es ser fiel conmigo mismo. Somo dichosos cuando encontramos las palabras correctas y el oido sin perjuicios. ¡Repite conmigo! Buscar ayuda no te hace menos, eres más por tomar la decisión de amarte cada día. ¡Gracias, doctor!»

Monika Candelaria
Reportera ancla de Noticentro al Amanecer, WAPA América

«Conozco al Dr. Oquendo hace años y lo más que me llama la atención es cómo usa su paz y conocimiento en asuntos bien complicados y los resuelve de forma rápida y sencilla.»

Rony Campos
Comunicacor de radio y televisión

«El Dr. Reinaldo Oquendo es un excelente profesional, respetuoso y acertado en sus argumentos. Desarrolla los temas de una manera efectiva, amena y entretenida. Es muy exitoso resoviendo conflictos.»

Dr. Henry Gonzalez
Medico especialista en gastroenterología

«La empatía del Dr. Oquendo comienza cuando abre la puerta y saluda con familiaridad. Maneja la consulta con una maestría impecable. Al final, es uno el que decide qué cosas hay que modificar para tener una buena comunicación. ¡Excelente!»

Elsie Rivera Vazquez
Jubilada, madre de tres hijos con cuarenta y cinco años de matrimonio

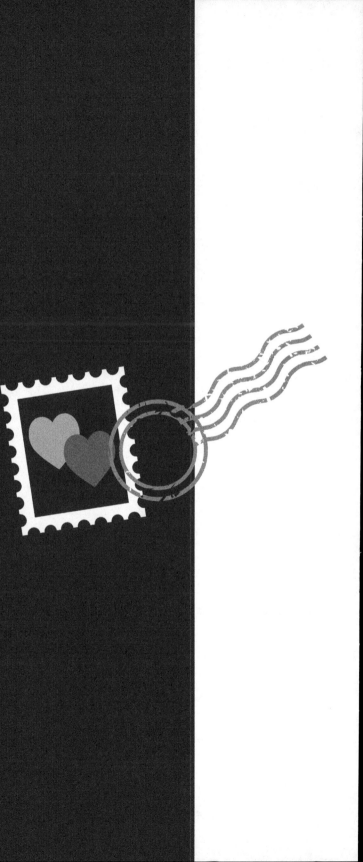

Dedicatoria

A mi esposa Maru,
mi diosa caribeña desterrada del Olimpo
por ser más hermosa que Venus, quien es
mi inspiración y motivación a ser mejor
persona cada día, y a mi amado Esteban
José, ese ser luminoso que adorna
nuestra vida con su presencia, sonrisa,
ocurrencias e inteligencia excepcional.

Tabla de contenido

Agradecimientos
1

Creo en el amor 🖤
3

Elementos esenciales en las
relaciones exitosas
11

El perdón
13

La diferenciación (y el por qué
de esas diferencias)
17

La comunicación
20

Las diez reglas básicas
de comunicación
24

Técnicas de
comunicación efectiva
27

Exploremos los mapas de
amor a traves del diálogo y
reconexión
34

La pregunta del vecino
39

¿Por qué no podemos
hablarnos de la manera
correcta?
42

¿Cómo podemos hablarnos
con amor?
44

¿Cómo le explico que me saca
por el techo cuando me habla
como si fuera superior a mí?
49

¿A que se refiere cuando dice
que no la ayudo en la casa?
53

¿Por qué me está criticando
todo el tiempo?
56

¿Cómo le explico que cuando
se pone sarcástico me hace
sentir fatal?
59

¿Por qué siempre está a la
defensiva?
63

¿Por qué no me habla?
66

¿Qué hago cuando se enoja?
71

¿Por qué se enfoca en los
detalles negativos cuando le
pido opinión?
74

¿Para qué le voy a decir
un piropo si NUNCA me lo
acepta?
76

¿Cómo manejo su
inseguridad?
77

¿Podré conseguir pareja
después de terminar esta
relación?
78

¿Por qué siempre me sale todo
mal en mi relación?
80

¿Cómo logro que deje de
ponerme etiquetas?
81

¿Cómo es que no ve lo que yo veo?
83

¿Cómo le explico que no todo lo que digo es por pelear?
88

¿Cómo le hago entender que sus críticas constantes me hieren y me molestan?
89

¿Está bien pasar mucho tiempo sin dialogar?
92

¿Qué hacer cuando tratas de hablarle y te interrumpe sin escucharte?
93

¿Cómo hago para que no se enoje cuando le digo las cosas?
94

¿Qué puedo hacer cuando no me hace caso y tengo que perseguirle para que me conteste?
96

¿Qué hago cuando el time-out y los veinte minutos no funcionan y no quiere hablar?
99

¿Cómo puedo no molestarme cuando me ignora a propósito?
101

¿Por qué me pone tanta falta?
102

¿Qué puedo hacer si mi pareja siempre tiene la razón?
102

¿Cuándo debo responder con coraje y gritos?
103

¿Por qué me echa la culpa en todas las discusiones?
104

¿Y si los dos queremos decir la última palabra?
106

¿Por qué vuelve a repetir el pasado?
106

¿Por qué me dice cosas sin pensar, me hiere y luego no se disculpa?
107

¿Las personas pueden cambiar?
109

¿Por qué no podemos vivir en paz y armonía si nos casamos por amor?
110

¿Cómo hacer para que ponga en práctica lo que acordamos?
112

Te hablé desde el amor 💙
115

Perfil del autor
117

Referencias
119

Agradecimientos

Agradezco a los colabodores Dr. Steven Stosny, los doctores Julie y John Gottman del Instituto Gottman, la Dra. Helen E. Fisher y la Dre. Lucy Brown por compartir su conocimiento y permitirme utilizar información valiosa de sus investigacionses. Agradezco también a mi esposa Maribel por darme la motivación para continuar cuando las energías se agotan.

CREO EN EL
AMOR

Si quieres preservar tu relación y que sea una grata, dulce y de la cual te sientas orgulloso, la apuesta debe ser aceptar la invitación que te hago hoy; atrévete a hablar desde el **amor**. Estoy seguro de que tu pareja, como todas las personas que visitan mi oficina, está deseosa de que le hables con amor.

Escribí este libro porque creo firmemente en el amor. Específicamente, en la capacidad de amar de todas esas personas que están en una relación de pareja y que quieren mejorarla, o quizás salvarla. Vengo a hablarte de la realidad de una relación amorosa, con datos científicos y con todo el conocimiento que mis años de experiencia como sicólogo y terapeuta de parejas y familia me brindan. Pero, no pienses que es un tratado científico lleno de referencias. Tampoco es un relato romanticón tipo poema. Es una guía práctica compuesta de algunas de las preguntas más comunes que encuentro en mi oficio.

Si quieres preservar tu relación y que sea una grata, dulce y de la cual te sientas orgulloso, la apuesta debe ser aceptar la invitación que te hago hoy; atrévete a hablar desde el amor. Estoy seguro de que tu pareja, como todas las personas que visitan mi oficina, está deseosa de que le hables con amor.

Estando en el programa de preparación académica en terapia de pareja y familia a nivel posgrado, una de las profesoras hizo la siguiente pregunta, ¿qué es el amor? Yo contesté algo que ya ni recuerdo, pero la recepción del grupo y de la profesora fue tímida, así que creo que no llenó las expectativas. Esa pregunta siguió rondando en mi cabeza por muchos años. Aún en mi práctica diaria trabajando con enamorados, no lograba conseguir una contestación apropiada o correcta a esa pregunta.

Un día, caminando dentro de una de mis tiendas favoritas, me llamó la atención un escrito enmarcado en un cuadro decorativo. Ya conocía esas palabras y las había escuchado muchas veces, pero no me habían hecho tanto sentido como en aquél momento. Fue como si toda la experiencia acumulada se uniera para procesar de manera correcta aquella antigua fórmula. Se las comparto enseguida: el cuadro tenía una cita de la Primera carta de San Pablo a los Corintios:

«El amor es paciente, es bondadoso. El amor no es envidioso, ni jactancioso, ni orgulloso. No se comporta con rudeza, no es egoísta, no se enoja fácilmente, no guarda rencor. El amor no se deleita en la maldad, sino que se regocija con la verdad. Todo lo disculpa, todo lo cree, todo lo espera, todo lo soporta. El amor jamás se extingue [...]» (1 Corintios 13:4-8).

Acababa de leer la receta a seguir para alcanzar ese pedestal preciado por todos: el amor, el buen amor o amor del bueno.

¿Qué es, entonces, el amor? Todos, en algún momento, hemos experimentado ese sentimiento. El amor se puede definir como un sentimiento de afecto, apego, intimidad y compromiso. Es un sentimiento moral, pues nos induce a actuar bien en nuestra vida y con las personas que amamos. Además, nos lleva a tener una vida plena de paz, tranquilidad y alegría y, en consecuencia, de bienestar con nosotros mismos. Es la fuerza que nos impulsa para hacer las cosas bien.

La mayoría de nosotros lo sentimos por primera vez en los brazos de nuestra madre. Más adelante, sentimos lo que significa ser amado cuando nuestra familia nos lo demuestra. Al crecer y desarrollarnos, expandimos la capacidad de ese sentimiento para incluir personas fuera de nuestro círculo familiar, como amistades y mascotas. Eventualmente, maduramos al punto de descubrir el amor romántico hacia el género que nos atrae sexualmente.

En una relación de pareja donde hay amor, hay una necesidad de compromiso. Esto es porque requiere la habilidad y el deseo de sobrepasar malentendidos, situaciones y problemas serios con el fin de estar juntos. **El amor verdadero perdona**, porque respeta las diferencias y persevera en la relación usando el aprendizaje adquirido de los errores y con el mecanismo de las reconciliaciones. La intención de este libro es darte la herramienta más poderosa que puedes poner en acción y que es la clave para el éxito de la relación: hablarse con amor.

Quizás estás pensando que eso es una redundancia. O sea, si ya dije que el amor es la base de la relación de pareja, ¿por qué digo que hay que hablarse con amor? Resulta que no basta con sentirlo.

> El amor hay que demostrarlo, y en una relación saludable esto se hace diciendo lo que se siente, pero de la manera correcta, con amor.

La doctora Helen Fisher, antropóloga de profesión, publicó un estudio llamado *The brain in love* (El cerebro enamorado). En este estudio, realizado entre estudiantes universitarios, preguntaron entre otras cosas: ¿Alguna vez alguien a quien realmente amaba le rechazó? ¿Usted rechazó a alguien que realmente le amó? El 95% de los participantes, tanto hombres como mujeres, contestó que sí a las dos preguntas. Al parecer muchos salen maltrechos en la búsqueda del amor y esa búsqueda conlleva arriesgarse a herir o a salir herido.

Fisher y su cuerpo de investigación, en otro estudio publicado, *El amor romántico y el sistema del cerebro mamífero para la selección de la pareja*, expuso a personas que alegaban estar enamoradas a imágenes de resonancia magnética (MRI). En esas imágenes se logró captar actividad neuronal en un área del tallo cerebral y en las áreas responsables de generar dopamina. Esta sustancia química que se irriga en distintas áreas del cerebro está asociada a los mecanismos de recompensa, deseo, motivación, enfoque y el deseo de obtener más. Es lo mismo que ocurre cuando un adicto usa heroína o cocaína. Por eso es tan difícil dejar esas drogas. La sensación que provocan es tan deseable que es casi imposible controlar el deseo de usarlas.

Esos centros de placer se iluminan de igual manera que cuando una persona está enamorada. En otras palabras, tratar de razonar el amor y controlarlo parece estar lejos de nuestro alcance. Pero, lo que sí podemos hacer es usar nuestro juicio y entendimiento para apoyar esa emoción fuerte de la manera correcta. Esos apoyos incluyen verbalizaciones y conductas positivas que producen la estimulación apropiada, para así generar los neuroquímicos y hormonas que favorecen el placer y el disfrute de la pareja. De esa manera, quien recibe el resultado de nuestro comportamiento lo acepta como algo bueno y deseado en el marco del amor instintivo entre una pareja.

En arroz y habichuelas (en palabras simples), ¡háblale con amor! Ese es el principio básico para mantener el flujo del amor en la relación.

Háblame con amor, más que ser el título del libro, es una petición constante que puedo observar y escuchar en las intervenciones terapéuticas que realizo con parejas en mi práctica profesional.

Luego de más de quince años de experiencia, puedo decir con mucha seguridad que conozco los comienzos de la separación emocional, el distanciamiento, el desamor y la **eventual ruptura**. Todo proviene de una comunicación defectuosa, errática, en ocasiones doliente y poco amorosa, aunque esa no sea la intención del emisor.

En este libro vas a encontrar las instrucciones, formas y maneras para lograr que tu comunicación mejore y cambie. Así, lograrás una relación más en amor, más cercana y exitosa con tu pareja. Encontrará ejemplos, situaciones de diálogo de oficina y la experiencia de los talleres de pareja que realizo desde que comencé en mi carrera.

Háblame con amor es una propuesta sencilla pero vital para el éxito personal y en conjunto de la relación en pareja. Es una conversión del diálogo cotidiano a un diálogo apropiado, sencillo y práctico en su estructura y mensaje. Ese diálogo lleva un gran contenido de esa emoción fuerte que todos llevamos y sentimos por nuestra pareja pero que pocas veces expresamos a expensas de la relación misma.

Con esta guía, espero crear consciencia de que hablar con tu pareja constituye una responsabilidad mayor. La manera en que «se dice lo que se dice» determina cómo se recibe el mensaje. Si al final de esta lectura entiendes cuál debe ser la dinámica y estilo de tu comunicación, de manera que no se violente la confianza, cariño y respeto en la relación, habré cumplido mi cometido.

Este libro es para todos. Con esto me refiero a que la información que incluyo le atañe a cualquier persona que esté enamorada. Amor es amor, y hablarse con amor funciona igual en cualquier relación.

Mi invitación a ti que lees este libro es que decidas acoger las herramientas que aquí se brindan con una mirada sanadora, y así darte la oportunidad de recomenzar tu relación.

Luego de más de quince años de experiencia, puedo decir con mucha seguridad que conozco los comienzos de la separación emocional, el distanciamiento, el desamor y la **eventual ruptura**. Todo proviene de una comunicación defectuosa, errática, en ocasiones doliente y poco amorosa, aunque esa no sea la intención del emisor.

ELEMENTOS ESENCIALES EN LAS RELACIONES **EXITOSAS**

El perdón, en un sentido sicológico, es un proceso intencional y voluntario donde una persona que pudo sentirse victimizada o maltratada pasa por un cambio de sentimiento. Deja de sentir rencor, coraje, enojo y sobrepasa esas emociones negativas que sentía sobre el ofensor.

Antes de pasar a las preguntas más comunes de mis clientes, voy a explicar unos elementos necesarios para alcanzar el éxito en cualquier relación amorosa. Los consejos que doy luego no se pueden poner en practica sin estos conocimientos y destrezas.

Cuando hablo de elementos esenciales me refiero específicamente a unos elementos básicos que son necesarios para poder sanar, reparar, restaurar y, eventualmente, poder disfrutar al máximo de tu relación de pareja. Cuando las parejas llegan a recibir asistencia terapéutica a mi oficina, en su mayoría llegan con un cúmulo de situaciones que han generado resentimiento, percepciones negativas y pensamientos mayormente erróneos en cuanto a la imagen de su media naranja. Esto tiende a crear una pared negativa que imposibilita o dificulta la recuperación, el acercamiento y la reconexión de sentimientos positivos y el amor que existe entre ambos.

A continuación, te presento esos elementos para que estés preparado y los puedas poner en práctica al momento de renovar o sanar tu relación de pareja.

El perdón

El perdón, en un sentido sicológico, es un proceso intencional y voluntario donde una persona que pudo sentirse victimizada o maltratada pasa por un cambio de sentimiento. Deja de sentir rencor, coraje, enojo y sobrepasa esas emociones negativas que sentía sobre el ofensor.

El perdón es indispensable para conseguir el puente de reconexión y dirigirnos a recapturar el amor entre ambos. Una vez decidas (porque el perdón comienza con una decisión) perdonar los eventos que precipitaron el distanciamiento en la relación, podrás ver la relación que quieres crear en pareja desde una nueva perspectiva. Aceptar las diferencias, aprender a respetarlas y enfocarte en las cosas positivas que aporta tu pareja a la relación es la base para crear una relación espectacular.

Perdonar es posible una y otra vez y cuantas veces uno decida hacerlo. Pero, existe un punto donde las construcciones sociales, morales y espirituales pueden influenciar el número de veces que uno «debe» perdonar a una misma persona. Factores intangibles como el ego, la dignidad, la autoestima y el autoamor pueden definir este perdón. Así, se decide si va a ser un perdón absoluto o condicionado o si ya es el último que estuvo dispuesto a ceder a esa persona.

Por ejemplo, puede que una persona crea, por la manera en que se crió, que perdonar más de una vez el mismo tipo de ofensa significa que no se respeta a sí misma. En ese caso, la crianza modeló su autoestima para determinar que el número correcto de perdonar es una vez. Sin embargo, otra persona en otro entorno familiar o de crianza puede aprender que se perdona cuantas veces sea necesario mientras se ama a quien se perdona, y para esa persona el perdonar un sinnúmero de veces por la misma ofensa es algo que no afecta su autoestima.

Cada individuo es único y posee su propio equipaje de vida con distintos grupos de constructos como los antes mencionados. Decir, como dice la Biblia sobre perdonar, «No te digo que hasta siete veces, sino hasta setenta veces siete» (Mateo 18:22), requiere pensamiento de análisis profundo. La realidad es que ninguno de nosotros llevamos cuenta de las ofensas que recibimos y, más aún, no tenemos una tablilla que le diga al otro: «esto me ofende, pero lo demás no». Por lo tanto, no esperes que te diga en este libro si debes perdonar o no.

En mi opinión, el perdón es una fuerza liberadora que solo dirige a la felicidad y la paz. Lo que quiero dejar claro es que el perdón es exclusivo de cada persona que lo brinda. Si perdonas, ¿cuántas veces lo haces?. Tu manera de perdonar es una decisión tuya.

No obstante, como profesional de la salud tengo que hacerte una advertencia. Si estás en una relación donde lo que te ofende se convierte en una conducta repetida, puede que te encuentres perdonando lo mismo, vez tras vez. Por ejemplo: se llegó a un acuerdo donde una persona pide perdón y promete no volver a usar la toalla de baño de su pareja, pero una vez es perdonada lo vuelve a hacer sin ni siquiera pensarlo y sin hacer alusión al acuerdo previo. Esto constituye una conducta repetida. Por tu salud psicológica, en estos casos, debes hacer una de las siguientes cosas:

1) Revalúa tu conjunto de valores (difícil, pero no imposible)

Me refiero a decidir hacer lo que recomiendo en relaciones de parejas: aceptación y adaptación. Por ejemplo, si tu pareja no es organizada, pedirle que organice su clóset es una misión casi titánica, por no decir imposible. Especialmente si esperas que clasifique las camisas por el largo de la manga y por orden de colores ascendentes de claras a oscuras. ¡Já! No va a suceder, y si lo hace te aseguro que no va a durar una semana. Su cerebro está alambrado de otra manera. Quizás admiras a tu pareja por su capacidad de pensar fuera de la caja, su creatividad, su ingenio al momento de resolver problemas o proponer ideas novedosas. Pero, no le pidas que mantenga su auto recogido o que organice su clóset como tú lo haces. Aceptar esta diferencia y enfocarte en sus fortalezas hace que la relación se convierta en una de confianza, colaboración y entendimiento.

2) Trabajar tu autoestima o autoamor

Tu dignidad dentro y fuera de una relación la defiendes tú, es tu responsabilidad y deber como persona. Por lo tanto, debes trabajar tu autoamor y utilizar un lenguaje asertivo y compasivo para generar el respeto y la dignidad que esperas en la relación. Recientemente, me encontraba brindando una conferencia de autocuidado y presentaba el siguiente ejemplo; Casi a diario, este cliente cocinaba la cena para él y su esposa, pues le encantaba cocinar y lo hacía con gusto. Pero, su esposa se acostumbró y comenzó a asumir que la cena la prepararía su esposo. Un día, él recibió una invitación de un colega para tratar un gimnasio nuevo luego de salir de la oficina. A él le interesaba, así que llamó a su esposa para comentarle (no pedirle permiso) que iba a llegar más tarde de la hora de la cena porque estaría en el gimnasio. Ella, de manera casi inconsciente, le preguntó:

— Pero, mi amor, ¿no vas a cocinar entonces?

— No, querida, hoy no. Voy a aprovechar que el gimnasio tiene una cafetería y me compraré algo liviano allí.

— ¡Ay, pero ya me acostumbré a comer tu comida, y a que cenemos juntos!

— A mí también me encanta cenar contigo. Si quieres cocinar para ambos, no compro el sándwich y espero a llegar para que cenemos juntos. Pero si no, no te preocupes, solo déjame saber.

— Pues si no llegas muy tarde preparo algo y cenamos juntos cuando llegues.

— No llego tarde. ¿Qué vas a cocinar?

— ¡Es una sorpresa! Hace tiempo que no te cocino.

En este caso, mi cliente tenía muy claro que en su relación no existía un rol específico para la persona que cocinaba la cena. Tampoco tenían problemas de confianza, y un cambio de horario se anunciaba como una cortesía y no una obligación. Simplemente, su esposa se acostumbró a la rutina a tal grado que se convirtió en una expectativa: su esposo cocinaba la cena. Tener una buena autoestima que le permitió expresar sus planes de manera clara y respetuosa permitió que ambos resolvieran el asunto quedando contentos.

3) **No tienes el derecho de cambiar a tu pareja**
Entender que no puedes ni tienes el derecho de cambiar a nadie que esté a tu lado ante el reclamo de que le amas, es indispensable. Lo único que esa persona debe hacer es respetarte y realizar actos que demuestren amor y respeto a los límites que ambos hayan establecido y definido. Por ejemplo: conociste a tu pareja en una fiesta de amigos, y desde ese momento te diste cuenta de que le encantan las fiestas, tiene muchas amistades y te lleva a sus reuniones todos los fines de semana. Pues entonces, no asumas que al formalizar la relación vas a lograr que deje de compartir con sus amistades o de ir a sus reuniones por completo. Puede que lleguen a acuerdos, pero para que sean exitosos esos acuerdos van a incluir su relación con sus amigos.

De esa manera, se evita crear expectativas falsas sobre cómo será la relación en un futuro, y sentir que hay que pedir perdón o perdonar acciones que realmente no son faltas.

La diferenciación (y el por qué de esas diferencias)

Recientemente me encontraba tomando un café en una taberna del Viejo San Juan. Mientras tomaba mi café, a mi lado se sentó una dama que tenía en su hombro izquierdo una pegatina, o *sticker*, con el símbolo de la equidad de género. En el momento en que la dama me lo permitió, le pregunté qué significaba para ella la equidad de género. Me respondió de manera sencilla que uno de los objetivos del movimiento era buscar la igualdad entre el hombre y la mujer. Yo, que no estoy totalmente ajeno al tema, le mencioné que el nombre de equidad de género me causaba confusión.

Antes de continuar con lo que voy a decir, quiero que estén todos claros de que siempre me defino a mí mismo como un feminista extremo y un defensor acérrimo de los derechos de la mujer.

Siguiendo con mi relato, ella mencionó que género no es lo mismo que el sexo, a lo que yo le dije que estaba de acuerdo, pero que su explicación trataba el género de una manera similar al sexo o a lo que identifica a cada persona por su genitalia. La dama, una militante fiel de lo que defendía, se acomodó en su silla y me miró completamente de frente en lo que pude interpretar como una posición frontal para defender a capa y espada lo que ella creía.

En ese momento procedí a extender un ramo de olivo (una oferta de paz), dejándole saber que mi motivación estaba más inclinada por la curiosidad que por alguna postura preconcebida de lo que ella estaba defendiendo. Mi posición, le expliqué, es que para mí el género es el grupo que define a la humanidad, género humano. Dentro del género humano están el hombre y la mujer diferenciados por sus genitales, su componente anatómico y el componente hormonal.

Le pedí que por favor tratara de ver mi punto en cuanto a mi concepción y causa de confusión. Le mencioné que lo que para ella era equidad de género, para mí era equidad en justicia y respeto a los derechos humanos en todas sus manifestaciones. De igual manera le dije que el hombre y la mujer merecían la misma justicia, el mismo respeto y las mismas oportunidades. Pero que, en esencia, ambos eran distintos desde las perspectivas biológica, conductual, emocional y psicológica. Todo esto, motivado por sus diferencias anatómicas, tanto genitales como cerebrales, ya estudiadas, y sin excluir, por supuesto, su componente hormonal.

Al final de nuestra conversación, ella entendió mi punto y yo el de ella. Cada cual decidió respetar las diferencias en nuestra manera de ver las cosas, pero para ambos fue un ejercicio de investigación, de poder ver el por qué de posturas distintas que no necesariamente van una en contra de la otra.

Hago esta anotación, porque creo que es importante que utilices las claves que se dan en este libro para entender y manejar, de manera efectiva, la dinámica de diálogo. Debes entender las diferencias que en ocasiones nos separan y que, entendiéndolas y respetándolas, muy bien nos pueden unir más. Sin pretender entrar en un análisis sociológico, cada uno de nosotros está impregnado por su historia, el desarrollo evolutivo, las conductas de los antepasados y las reacciones de esas conductas que nos han moldeado hasta nuestro presente.

Permítanme señalar algunos ejemplos de estas diferencias. Quiero aclarar que en los siguientes párrafos de esta sección, cuando menciono a la mujer me refiero al ser humano que nació con órganos reproductivos femeninos, lo cual conlleva, como dije antes, unas diferencias biológicas que no están en cuestionamiento. Lo mismo aplica cuando menciono a los hombres, o personas que nacieron con órganos reproductivos masculinos.

Usualmente, cuando la pareja es heterosexual y se indentifican de esta manera individualmente, escucho en mi oficina a los varones preguntarme: «Doctor, ¡¿por qué ella es tan 'cántaletera'?!». Y a ellas las escucho decir, «Doctor, ¿por qué se queda callado y no me habla? ¡Se queda como piedra!». Bien, les comparto el siguiente dato.

La escritora de ciencias y medicina, Rita Carter, en su libro *The Human Brain*, nos explica cómo los humanos generamos una sustancia u hormona, producida por el hipotálamo, conocida como la oxitocina. Esta hormona se genera por causa de varias instancias, entre ellas, el toque físico, la caricia del cabello, lactar, ver a la pareja compartiendo afectivamente con su cría, el diálogo afectivo o la conversación placentera, el abrazo de cuerpo completo, el beso y la intimidad sexual. Esto lo afirma también el Dr. Steven Stosny en su libro *Empowered Love*.

Cuando las mujeres no reciben los estímulos necesarios para generar los niveles apropiados de oxitocina (en promedio, aproximadamente algunos 300 picogramos), tienden a generar hormonas que compensan o relajan esta deficiencia a través de la discusión, o lo que algunos hombres denominan «la cantaleta».

Por el contrario, para el hombre, la hormona llamada testosterona y la adrenalina son suficientes para mantenerlo alejado de la mujer y ocuparlo en competencia consigo mismo o con su propio género. Pero, esa no es la razón del efecto de quedarse callados «como piedras». La razón por la cual se mantienen callados es porque el hombre, al igual que la mujer, en su sistema nervioso central, tiende a reaccionar de tres maneras distintas ante situaciones estresantes:

- Huyendo de la situación (*Flight*)

- Reaccionando de manera agresiva y preparándose para embestir (*Fight*)

- Quedándose como piedra, sin hablar y sin reaccionar (*Freeze*)

Lo que sucede con el que se queda como piedra es que las áreas del cerebro encargadas de analizar situaciones, como la corteza prefrontal o el área de Broca (área que proporciona los circuitos nerviosos para la formación de palabras), tienden a disminuir su actividad neuronal y a recibir menos oxígeno. Esto sucede cuando la situación estresante causa que las pulsaciones del corazón alcancen cerca de 100 o más latidos por minuto. A su vez, esto imposibilita que el hombre use su capacidad de razonamiento lógico y el diálogo de manera efectiva.

De manera instintiva, cuando esto pasa toman las siguientes decisiones:

- Atacan de manera defensiva con escaladas emocionales, gritos o insultos

- **Se quedan callados (lo que hace el 85% de los varones)**

- Huyen de la conversación en ocasiones con desplazamiento físico

- Se quedan presentes, pero desconectados emocional o auditivamente de la conversación con su pareja.

En resumen, ella sigue hablando porque él se calla, y él se calla porque ella sigue hablando. Aquí comienza una dinámica circular negativa y peligrosa. La ausencia de diálogo de parte de él genera ansiedad en ella, y la cantaleta de ella genera mayor distancia o separación en él.

Esto es información vital para comenzar a establecer diálogos efectivos y asertivos en la relación de pareja. En otras palabras, si conoces las razones biológicas que causan estas reacciones, puedes trabajar con ellas y evitar que se forme un sal pa' fuera y que terminen, como decimos en Puerto Rico, como el «rosario de la aurora» (los dos enojados y sin esperanza).

Todo esto es muchísimo más complejo, pero es una pequeña muestra de lo que está sucediendo. Conociendo la biología de las diferencias entre los sexos podemos hacer los ajustes necesarios para lograr automanejarnos de manera más efectiva. ¡Viva la ciencia! *Vivre la différence!*

La comunicación

Otro ingrediente esencial para ser feliz con tu pareja es que tengas el deseo de trabajar tu estilo de comunicar. Si encuentras que la comunicación entre ambos falla a menudo, discuten mucho, se faltan el respeto, piensas que la relación no funciona y que debes salir de ahí y ni siquiera sabes por qué pasan estas situaciones, a lo mejor te preguntas si es normal que estas cosas ocurran.

En resumen, ella sigue hablando porque él se calla, y él se calla porque ella sigue hablando. Aquí comienza una dinámica circular negativa y peligrosa. La ausencia de diálogo de parte de él genera ansiedad en ella, y la cantaleta de ella genera mayor distancia o separación en él.

La realidad es que la relación de pareja conlleva, como todo en la vida, esfuerzo, trabajo y práctica. La pregunta debe ser: ¿has trabajado lo suficiente en la relación como para decidir que es el momento de terminarla?

La realidad es que la relación de pareja conlleva, como todo en la vida, esfuerzo, trabajo y práctica. La pregunta debe ser: ¿has trabajado lo suficiente en la relación como para decidir que es el momento de terminarla?

Usualmente, cuando hago ejercicios de juego de roles con mis pacientes, me mencionan cosas como las siguientes. «Doctor, yo no hablo así tan bien como usted, no puedo controlar mis emociones como usted lo hace o mantener un tono relajado como el suyo.» A lo que les menciono que, al principio, ¡yo tampoco!. Yo pasé por mi proceso de aprendizaje, donde cometí errores y tuve que enmendar y repasar nuevamente.

En esto de las relaciones de pareja hay que practicar y practicar hasta que te salga, sin la garantía de que siempre te va a salir bien (aunque esa es la meta). Te recuerdo que nadie nació caminando, todos necesitamos asistencia y cuidados. Luego, nos sentamos solos, gateamos, nos paramos con dificultad y tropiezos y después logramos caminar hasta aprender a correr. Como todo en la vida, verbalizar de manera correcta requiere conocimiento, estructura, práctica, práctica y más práctica, hasta que nos volvamos unos comunicadores maestros. «Para hacer las cosas bien es necesario: primero, el amor, segundo, la técnica.» (Antonio Gaudí).

La gran ventaja, y excelente noticia, es que mucho de lo que comunicamos domina nuestras emociones y las emociones y reacciones de los que reciben la información. Por lo tanto, adoptar un nuevo diálogo y expresar lo que **sientes, piensas y pides** sin afectar negativamente las emociones de tu pareja provoca una nueva dinámica de entendimiento en paz y balance. He tenido personas que llegan a buscar ayuda a mi oficina, pero sus parejas no desean asistir. Ahí, el proceso de ayuda terapéutica se convierte en uno de consejería y adiestramiento para comunicar de manera asertiva y solucionar los problemas. El resultado es que muchas personas logran darle un giro positivo a sus relaciones con tan solo cambiar sus estilos de comunicación.

El dato real es que a ninguno de nosotros nos enseñaron la manera correcta de comunicar. Por ejemplo, nadie se tomó el tiempo de explicarnos qué cosas decir, en qué momento, qué es apropiado y qué no. Simplemente, transitamos por la vida socializando y afinando nuestra manera de comunicar a razón de tropiezos, momentos embarazosos, en ocasiones insultos y situaciones incómodas.

Al hablar, ocasionamos todo un mar de reacciones que nos salpican y que en ocasiones nos persiguen como recuerdos de momentos difíciles. Eso es parte del aprendizaje. Nadie pregunta cuántas horas de cancha tuvo que acumular un jugador de la NBA para estar jugando a ese nivel. De seguro que fueron miles de horas. Ninguno de nosotros, a menos que hubiésemos decidido estudiar comunicaciones, periodismo o una carrera relacionada, tiene las guías exactas o al menos aceptadas de lo que es una comunicación correcta.

Las diez reglas básicas de comunicación

Vamos a establecer las reglas básicas de comunicación. Es decir, qué cosas no y cuáles sí se deben practicar en una comunicación asertiva y correcta con nuestra pareja.

El lenguaje entre la pareja no debe ser una casualidad ni un instrumento simple, sino que es un conjunto de vivencias, intenciones e historia que nos pueden ayudar a tener una mejor vida, más saludable y llena de momentos mágicos. A continuación expongo reglas sencillas y fáciles de entender y que propongo como la clave para mantener un diálogo armonioso, directo y claro, con efectividad y sentido de logro.

A muchos se les hará difícil poner en práctica estas reglas. El por qué esto sucede es parte de la discusión a través de este libro y sus estrategias, para poder sobrellevar los obstáculos y dominar el arte de la comunicación amorosa en pareja. Vamos a utilizar reglas básicas de comunicación que deben darnos una estructura sólida y efectiva al momento de dialogar con la pareja.

1) **La regla del oyente parlante**
   Cuando uno habla, el otro escucha de manera activa sin interrumpir, sin argumentar y sin estar generando argumentos de contra ataque o defensa en su mente. Recuerda que estás dialogando con la persona que amas y como tal merece tu respeto, amor y tu escucha activa.

2) Escucha activa

El objetivo es entender el mensaje que se recibe. La única interrupción válida al emisor es para aclarar un concepto o hacer una pregunta de validación de lo que se escuchó. Por ejemplo: «Disculpa que interrumpa, es que quiero corroborar lo que me dijiste.» «Quería estar seguro de que fue ese el mensaje.» Una vez recibido, entregue su atención al resto del mensaje. «Ok, gracias por aclarar, continúa por favor con lo que me estabas diciendo.»

Nota: ¡Nunca se es demasiado formal con la pareja si el objetivo es hablar desde y con el amor!

3) Mantenerse en el asunto que se discute y no en la persona

Esto implica un ejercicio de autocontrol, donde el proceso de comunicar se enfoca en el asunto en cuestión y no en asignar culpas, responsabilidades, analizar la conducta del otro o especular sobre sus motivaciones. Si nos enfocamos en la persona y no en el asunto, terminamos en discusiones que no tienen fin. La conversación se debe mantener en el asunto, sin adjudicar razones que acusen al receptor. El propósito debe ser resolver en el diálogo cuáles son las alternativas para, en conjunto, trabajar la situación. Por ejemplo, si el asunto es que no se pagó la renta del mes, el propósito de la conversación es saber qué van a hacer para pagar la renta. No hay por qué discutir sobre quién tuvo la culpa de que no se pagara.

4) No criticar

Esto NO debe ser parte de ninguna conversación, pues solo ocasiona una conducta defensiva en el receptor y NUNCA resuelve el problema planteado. Al contrario, lo pasa por alto y se dirige a un enfrentamiento directo de discusión, acusación y la inevitable dinámica circular de culpa - actitud defensiva.

5) No culpar al otro

La culpa se deja para los tribunales de justicia y sus jueces y no para la conversación de pareja. La relación de pareja es una basada en el amor y, por ende, toda comunicación en la pareja debe contener un mensaje objetivo y compasivo y no uno punitivo, de juicios o asignación de culpas. La relación de dos pertenece a los dos, y la responsabilidad es compartida en todo momento. Ambos cuidan de la relación en corresponsabilidad.

6) No traer cosas del pasado
A menos que sea algo placentero que le añade una sensación de bienestar y felicidad al asunto, deja el pasado atrás. Todo lo que se traiga para señalar una falta anterior y minar la credibilidad del interlocutor va a resultar, indudablemente, en una discusión o una retirada inminente de uno de los dos o ambos de la conversación.

7) Hablar de un solo tema a la vez
Traer varios temas al mismo tiempo va a resultar en posibles confusiones, errores de percepción, lenguaje entrelazado y da la oportunidad a malas interpretaciones del mensaje. Esta regla asegura mantener la claridad y la precisión en lo que se dice, además de que crea estructura y promueve la solución de situaciones una a la vez, dando una sensación de progreso y apoderamiento a traves del diálogo.

8) Mantener un tono y volumen apropiado
Hablar gritando o con un volumen alto solo es válido en caso de incendios o emergencias catastróficas. De lo contrario, no se usa un volumen alto y un tono que salga fuera de la línea del respeto. ¿Cuál es el tono apropiado? Esa es la pregunta que tu pareja te va a contestar. Háblale a tu pareja y pídele que te deje saber si estás usando un tono agradable o si tienes que modular tu tono y timbre para que tu pareja se sienta más a gusto y mejor. El balance correcto es cuando tu pareja te deja saber que se siente bien y tú no estás haciendo un esfuerzo mayor, sino que puedes conseguir que fluya de manera natural y espontánea con un poco de práctica.

9) Saber parar y retomar
Es probable que en algunos momentos no se lleguen a acuerdos entre la pareja. Por lo tanto, debe haber una salida de la conversación que contenga una frase parecida a la siguiente: «Bien, me alegra haber hablado de esto porque sé que es importante para ambos, pero no creo que tengamos la misma visión o que hayamos

logrado un acuerdo, por lo tanto te pido que retomemos la conversación en otra ocasión. Así, nos damos la oportunidad de meditar sobre el tema y regresar con nuevas ideas de ser necesario. ¿Qué tal mañana luego de la cena, o nos encontramos para almorzar?» Es imperativo que se establezca una cita de reencuentro y se valide, ya que es la manera en que podrán lograr acuerdos significativos o al menos ganar dignidad y respeto en la relación de manera progresiva.

10) Tono de respeto

Háblame con amor no es solo un título o una petición bonita para generar un diálogo constructivo. Es la base por la cual ambos, en una relación de pareja, decidieron estar juntos. Ambos se sentían seguros y cómodos comunicándose sobre diversos temas y podían recibir, de manera emocional, física y sicológica, el beneficio de un diálogo constructivo y amoroso. Esto incluye que la comunicación debe estar libre de sarcasmos, muecas, mofa, lenguaje que trate de disminuir el carácter de la pareja, críticas, prejuicios o insultos; o sea, libre de faltas de respeto.

Técnicas de comunicación efectiva

Ahora, vamos a explorar algunas técnicas de comunicación para poner en práctica las reglas que acabamos de ver de manera efectiva. El propósito es que tengas la información necesaria y correcta para, finalmente, usar los consejos que este libro te ofrece.

Asertividad compasiva

Asertividad es expresar lo que sientes sin causar una reacción negativa en el receptor de la comunicación. Es defender tus derechos y preferencias de la misma manera en que respetas los derechos y preferencias de tu pareja y de los demás. Es presentarte de igual manera, no superior ni inferior. La compasión es lo contrario al abuso y al maltrato. Excusar el maltrato no es sinónimo de compasión. El maltrato no debe ser aceptado ni tolerado.

El abuso y maltrato daña a los seres queridos, a los hijos, y autodestruye al abusador.

Un amor sin compasión es posesivo, controlador y peligroso. En otras palabras, no es amor. La estrategia de asertividad compasiva es una de las más que exige que la verbalización se haga del corazón, que cuando la persona hable se escuche el amor que sale de esa persona hacia la otra. Conlleva una práctica de dejar de pensar en sí mismo para pensar en la otra persona.

La realidad es que todos merecemos una oportunidad para ser mejores personas. Compasión es moverse a la acción de ayudar a otros cuando estamos conmovidos o preocupados por acciones que son perjudiciales para ellos u otras personas.

Veamos un ejemplo utilizando la estrategia de hablar desde el yo. Hablar desde el YO significa que estoy expresando mis sentimientos y que lo quiero hacer de una manera positiva y proactiva. Hablar desde el yo lo que hace es formular, de una manera sencilla y cuidada, cómo me siento y qué es lo que necesito. Esto es contrario a la crítica, donde se habla de lo que el otro hace mal y lo que nunca hace por nosotros. Veamos un ejemplo de cómo sería una verbalización elegante, relajada y tranquila.

«Me gustaría, en la medida en que sea posible, que reservemos los domingos para salir en familia. Es una tradición de mi niñez y me gustaría hacerlo como un símbolo de amor familiar. ¿Qué te parece?» Tomen nota de que esta verbalización expresa los sentimientos, el deseo, la razón por la cual se pide y luego termina cerrando la cita con una pregunta. Así que lo que se verbaliza es relajado, honesto y sin señalamientos al receptor de la información. Si queremos simplificar su estructura sería, **decir lo que siento, pienso y espero o pido**. A esta formula le llamo S+P^2 (una «s» y dos «p»).

Por el contrario, esta misma verbalización se pudo haber hecho de manera crítica y lastimosa de la siguiente forma: «La realidad es que los domingos la paso muy mal, no salimos y no hacemos nada. Tú siempre tienes algo que hacer y no piensas en nosotros.» Definitivamente, esta verbalización no va a resolver nada, sino que va a generar emociones negativas, levantar actitudes defensivas y crear un caos emocional y distanciamiento en la relación. No obstante, hay que aceptar que en ambas verbalizaciones se llevó el mismo mensaje, uno de manera asertiva el otro de manera ofensiva.

Lograr acuerdos manteniendo la paz

Aquí voy a «tomar pon» (en Puerto Rico eso significa compartir un vehículo) con la Dra. Julie Schwartz, terapeuta e investigadora, quien comparte una manera de lograr acuerdos de manera pacífica siguiendo una estructura simple. Ella separa el rol de quien habla y el rol que debe asumir quien escucha en la conversación para que se puedan producir acuerdos.

El rol de quien escucha:

- Trata de posponer su punto de vista

- Hace preguntas para entender mejor

- Resume el punto de vista de la pareja para validar que entendió

- Ofrece una validación:

  - Entendí

  - Me hace sentido

  - Me parece bien, aunque pienso distinto, respeto tu punto de vista

El rol de quien hace el planteamiento - el que habla:

- Evita culpar, criticar, utilizar sarcasmos o demostrar desprecio (aquí puedes seguir las diez reglas que compartí anteriormente)

- Dice cómo se siente – ej: estoy preocupado, enojado, desencajado, triste, etc.

- Habla del asunto específico – cuál es el asunto a tratar

- Expresa qué necesita

El respeto a las emociones de tu pareja

En las conversaciones de pareja es IMPERATIVO que se validen sus emociones. La pareja es un ser humano, por lo tanto tiene derecho a sentir cualquier emoción y a expresarla. Ese es tu derecho tanto y en cuanto no desplaces tus emociones en contra del otro. Si optas por tratar de reprimir o controlar las emociones de tu pareja, vas directo a una discusión. Si tomas lo que tu pareja dice de manera personal, vas directo a una discusión. Si por el contrario, escuchas a tu pareja y validas sus sentimientos, vas de camino a tener un sexo increíble. ¡Piensa y decide!

En muchas ocasiones esperamos que nuestra pareja reaccione como nosotros reaccionaríamos ante un evento. No obstante, esto nunca va a suceder. Por lo tanto, el que tu pareja se moleste, se impaciente, respire profundamente, se levante de la mesa, camine de lado a lado, entre otras tantas conductas son manifestaciones de que está viva y que siente y padece. La vida es un festival de emociones buenas y no tan buenas. Si no, no es vida. Permite que tu pareja sea una persona total y que aprenda a sentir y manejar sus propias emociones.

Lo que no debes hacer es juzgar el comportamiento, ni criticar su conducta. Da un espacio, y cuando creas que es prudente conecta con tu pareja y sirve de apoyo ante la situación que esté enfrentando. Recuerda que en ocasiones el mejor apoyo es la escucha activa y no necesariamente tu opinión, al menos que te la pida. Cuando hablo del sexo increíble me refiero a que la fórmula de una buena intimidad sexual esta precedida por una buena intimidad emocional. Si conectas con tu pareja desde sus emociones y eres apoyo para escucharle y ayudarle, esa intimidad emocional se volcará en una intimidad sexual, con un vínculo mas allá de lo físico.

Anteriormente, discutimos la regla del oyente parlante, donde solo habla uno a la vez. Esa regla es bastante simple y básica, pero es necesaria en la comunicación efectiva.

Otra manera de evitar escaladas en la comunicación es utilizando la estrategia del *time-out* o la tarjeta del tiempo fuera. Voy a abundar más en el asunto porque entiendo que puede ser de gran ayuda.

Tarjeta de *time-out*

Ya establecimos que el ser humano, cuando aumenta su ritmo cardíaco a 100 pulsaciones por minuto o más, pierde la capacidad de diálogo y se prepara para huir o atacar en la discusión. Para evitar esto es necesario que cuando se detecten las señales, ya sean de ritmo cardíaco o las expresiones no verbales de incomodidad o desaprobación (moviendo la cabeza de lado a lado, movimiento rápido de piernas, mirar a otro lado, un suspiro profundo, mover los hombros, una sonrisa de frustración, cruce de brazos, entre otras que ustedes saben reconocer), entonces es un buen momento para pedir un tiempo fuera de la conversación. La buena noticia es que restablecer el ritmo cardíaco y volver a estar en posición de diálogo solo tarda veinte minutos. Luego de esto, pueden entrar nuevamente a la conversación, comenzando con frases positivas y utilizando los puntos de encuentro que habían tenido, si alguno, antes del *time-out*.

Esta petición de *time-out* o tiempo fuera va acompañada de indicadores biológicos; por ejemplo, sabemos que si llegamos del trabajo y estamos cansados y con hambre, no es el momento para hablar de temas pesados. Si estamos ya prestos a irnos a dormir y necesitamos relajarnos para poder descansar, sabiendo lo necesario que es el descanso, tampoco es un buen momento para tocar un tema que sea pesado. Por lo tanto, recomiendo que saquen veinte minutos para dialogar de un tema importante y que necesite una solución luego de un baño (y mejor si es en conjunto) y luego de haber cenado.

También pueden coordinar, si se los permite la distancia entre los trabajos, un encuentro de almuerzo donde ambos compartan y dediquen, en promedio, veinte minutos a dialogar y acordar temas que son importantes en la relación. Esta recomendación es bastante exitosa, porque un escenario abierto con personas alrededor sirve como un regulador del ánimo. Realmente funciona, y lo han validado múltiples parejas en mi oficina.

¿Y qué pasa si no podemos llegar a un acuerdo? Pues entonces utilizan la próxima estrategia. Establezcan las diferencias con madurez.

Diferir con madurez

Es establecer las diferencias de opinión o criterio de cada cual sin invalidar la opinión de la otra parte.

Ejemplo: «Entiendo lo que dices, no estoy de acuerdo, pero respeto tu opinión. Es bueno que compartamos lo que sentimos; luego seguiremos hablando de esto y, si es posible, le buscaremos una solución.»

Si no puedes terminar la conversación con una solución definitiva, al menos termínala con una nota positiva.

Lo vital es dejar saber cómo te sientes y que para ti es importante lograr la comunicación y respetar el punto de vista de la pareja, así como que se te respete tu punto de vista.

Aquí te comparto un ejercicio que ayuda en la implementación de una comunicación positiva y provechosa en tu relación de pareja.

El ejercicio tiene varios objetivos:

1. Mejorar la relación

2. Comenzar a conocer el estilo de ser amado de cada cual

3. Enfocar en las áreas positivas

4. Descubrir las áreas de potencial mejoría

5. Generar mayor intimidad emocional

6. Crear un sentido de logro mientras damos pasos en la dirección correcta

Si no puedes terminar
la conversación con
una solución definitiva,
al menos termínala con
una nota positiva.

Exploremos los mapas de amor a traves del diálogo y la reconexión

Haz el próximo ejercicio con tu pareja por los próximos veintiún días. La recomendación de los veintiún días es tan antigua como el padre de la sicología científica, William James. Pero además, científicos en crono-biología como el Dr. Michael Smolensky de la Universidad de Texas y el londinense Dr. Zerrin Hodgkins mencionan que los humanos tenemos un biorritmo emocional que promedia los veintiún días. Estos apoyan el que la persona puede cambiar sus patrones de conducta si lleva a cabo un ejercicio por esta cantidad de días de manera consecutiva.

El ejercicio es el siguiente:

Hazle las siguientes preguntas a tu pareja y usa la tabla a continuación para documentar los resultados.

Veamos unos ejemplos:

Día	Del 1 al 10 (siendo 10 el máximo y 1 la puntuación menor) ¿Cuán buena pareja fui en el día de hoy?	¿Qué hice bien que me mereció la puntuación?	¿Qué pude haber hecho para aumentar la puntuación?	Notas
1	8	Te hiciste cargo de recoger los trastes y fregar, además de ayudar al niño en la tarea.	Quizás haber sacado unos quince minutos para hablar conmigo.	Debo considerar apagar el celular en la cena y hablar con mi pareja, con eso compenso los quince minutos que está pidiendo.
2	5	Te hiciste cargo de sacar la basura como te lo pedí y sé que llegaste tarde porque estabas trabajando duro para poder compensar el tiempo que vamos a vacacionar.	Me hubiese gustado recibir un texto en el día para dejarme saber cómo estabas, o que me hubieses llamado para saludar y procurar cómo yo estaba o invitarme a almorzar	Voy a programar mi teléfono para que me dé alertas para llamar a mi pareja.
3	10	Me llevaste a la playa como sabes que me encanta y luego me sorprendiste con un almuerzo en un restaurante que no conocía y que me encantó, la vista era mágica. Luego me antojé de un postre en Viejo San Juan e hiciste lo indecible por complacerme.	El día fue espectacular.	Repetir al menos una vez cada trimestre y, desde luego, ¡esperar los resultados..!

Día	Del 1 al 10 (siendo 10 el máximo y 1 la puntuación menor) ¿Cuán buena pareja fui en el día de hoy?	¿Qué hice bien que me mereció la puntuación?	¿Qué pude haber hecho para aumentar la puntuación?	Notas
1				
2				
3				
4				
5				
6				
7				
8				
9				
10				

11			
12			
13			
14			
15			
16			
17			
18			
19			
20			
21			

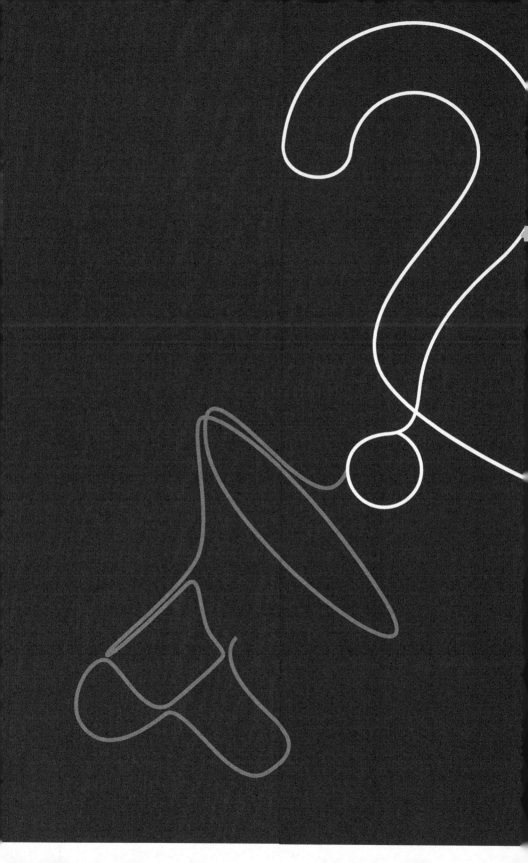

LA PREGUNTA
DEL VECINO

La pregunta del vecino es
un ejercicio de investigación
cualitativa que llevo usando
por los últimos quince años.
A través de este tiempo,
recopilé preguntas con
los grupos que asisten a
los talleres de pareja que
ofrezco.

La pregunta del vecino no es otra cosa que un disuasivo para relajar la tensión de los grupos y que puedan darse a la tarea de hacer preguntas de manera honesta, abierta y libre de temor a ser juzgados por el grupo.

Dentro del formato de los talleres, le pedimos a las parejas que depositen aquellas preguntas e interrogantes que más le preocupan en una canasta. Las hojas son de igual color y tamaño, para mantener el anonimato del vecino (participante). Podrán imaginar que recibo todo tipo de preguntas y temas. No obstante, en este libro nos vamos a concentrar en el tema que nos atañe, que es la comunicación efectiva entre la pareja.

Vamos a discutir estrategias, así como un pequeño trasfondo, para entender las motivaciones y comenzar a desarrollar la compasión necesaria para alcanzar la felicidad. Veamos las siguientes preguntas, que pudieran ser las tuyas o las de tu vecino.

¿Por qué no podemos hablarnos de la manera correcta?

Hay varias situaciones que nos impiden hablarnos de manera correcta, amorosa y compasiva. El primero y más importante de estos impedimentos es nuestro propio ego: la necesidad de recibir la atención principal y llenar nuestras necesidades primero.

> Buscar nuestra propia satisfacción dentro de la relación es una actitud que impide que nos hablemos en la manera correcta. En el diálogo amoroso, nuestra propia persona (nuestro ego) NO puede tener la prioridad o prominencia sobre nuestra pareja.

El egoísmo, según lo define la Real Academia Española, «Es un inmoderado y excesivo amor a sí mismo, que hace atender desmedidamente al propio interés, sin cuidarse del de los demás». Esto es incompatible con el amor de pareja.

Tampoco se trata de dejar de ser nuestra propia persona para ser del otro. Pero, en la mayoría de las ocasiones, nuestras necesidades dentro de la convivencia deben ser atendidas con recato y empatía, en un espacio compartido con las necesidades del otro. La razón que mantiene y mantendrá una relación saludable es que ambos sean felices, no solo uno la mayor parte del tiempo o casi todo el tiempo.

Te voy a brindar un ejemplo. Recientemente, la hija de uno de mis clientes se comunicó directamente conmigo por medio de una carta. Este angelito me expresaba su preocupación. Quiero primero que sepan que la niña tenía nueve años, porque cuando lean la carta van a pensar que es mayor.

Es verdad que tiene un poder de observación y análisis innato que va más allá de lo común, pero no deja de demostrar que aún los niños pueden notar cuando la comunicación de la pareja no fluye como debiera ser.

Las siguientes palabras son exactamente lo que la niña escribió. Como sé que no lo van a creer cuando lo lean, les incluyo una foto de la carta con el permiso de la niña y sus padres.

«Para el doctor:

Hola doctor, soy ——————————.

Escribo esta carta porque le quiero decir que estoy un poco triste porque mi mamá y papá de verdad que tienen que mejorar su comunicación, porque mi mamá le da explicaciones de más a mi papá y mi papá no la escucha (mala combinación). Yo pienso que ellos deben hacer un ejercicio de comunicación ya que eso es uno de los problemas que estamos teniendo. En mi opinión diría que mi papá es un poco inmaduro y ese es el problema, porque lo criaron con malas costumbres… Me explico: él casi siempre pide que le sirvamos comida estando en la mesa cuando puede hacerlo. Y en las conversaciones importantes interrumpe por sentirse amenazado. Él tiene que mejorar en muchas cosas, y confío en usted para ayudarnos. Entonces, mi mamá le da miedo que le entiendan mal y siempre hace gestos con su cara… El problema de que hace muchos gestos es que si mi mamá hace un gesto que para ella significa confusión a mi papá le puede significar enojo.»

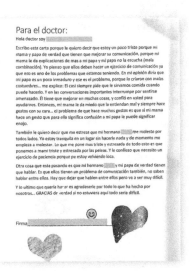

Este es un excelente ejemplo de cómo muchos factores pueden incidir para crear una mala comunicación. Aquí, vemos una muestra de lo que son los estilos aprendidos de la familia de origen, la vulnerabilidad de nuestro propio ego, la falta de asertividad de parte de la esposa, y lo que la niña llamó inmadurez. Esto, traducido por algunos estudiosos del comportamiento humano, es la manifestación de conductas de niño en un cuerpo adulto. Ocurre cuando la persona adulta no desarrolló las estrategias de afrontamiento y mecanismos correctos de comunicación, y actúa de manera instintiva, autoprotegiéndose como si fuera un niño.

Uso este ejemplo para demostrar que la razón por la cual no se entienden cuando hablan no es una, sino varias. La crianza, la falta de autoconfianza, el miedo al rechazo y un cúmulo de otras cosas. Cada ser humano tiene su baúl de cargas emocionales. Sin embargo, si trabajas en identificar cuál es el propósito final de la comunicación (lo que quieres lograr), y lo expones de una manera asertiva y amorosa, puedes lograr mucho.

¿Cómo podemos hablarnos con amor?

Para hablar con amor hay que usar un lenguaje multisensorial, no solo verbal. Hablar con amor es asegurarte de que el cinturón de seguridad de tu pareja está bien puesto al momento de encender la marcha, o hacer una cena y que el plato principal sea ese que sabes que a tu pareja le fascina y le recuerda momentos felices compartidos. Hablar con amor es ocuparse de llevar a la cita del médico a uno de sus padres porque tu pareja tiene una junta importante el día de la cita. Hablar con amor es dejar tu ropa de ejercicios separada la noche antes en el bulto del gimnasio para evitar hacer ruidos innecesarios cuando tu pareja está durmiendo.

[
Hablar con amor es tener detalles afectivos y cuidados de manera que tu pareja se sienta única, especial y exclusiva. Esto último es otra clave que da lugar a una relación sexual saludable y placentera.
]

Hablar con amor es que cada palabra que se emita sea para destacar sus cualidades, expresarle tu admiración, decirle cuánto le amas, tratarle con respeto, cuidarla y defenderla ante las demás personas. Hablar con amor es expresarle tus desacuerdos de manera digna y dejarle saber que aunque no piensas de la misma manera, tampoco pretendes que acepte tu punto de vista si no está de acuerdo. A través de las páginas restantes, estaremos hablando con amor con ejemplos, escenas y muchas estrategias.

Veamos el siguiente caso: tenemos a una pareja de profesionales, ambos con alta preparación académica en sus ramas profesionales, y para efectos del libro se llaman Pepe y María. Ambos vienen de relaciones previas y cada cual tiene hijos adolescentes. La pareja se encuentra entre los cuarenta y cincuenta años de edad. Las profesiones de ambos, de manera individual, son ultra exigentes, pues ambos son muy exitosos. Conciliar el tiempo de trabajo y el tiempo familiar con hijos que pernoctan en semanas alternas es realmente un reto mayor.

Es importante reconocer que el diálogo en la pareja (cualquier pareja) está impregnado de los estresores externos de cada cual en su contexto individual. En este caso que revisamos veamos los estresores que estaban presentes.

La relación apenas tenía un año y medio de convivencia. Ambos dejaron las relaciones anteriores y la comunicación con las parejas anteriores no es una de colaboración. En el caso de María, ella tiene además una pésima relación con su madre y eventos traumáticos que en ocasiones tienden a dificultar las experiencias del presente. Su hija está en transición para comenzar estudios en el extranjero, lo que la posiciona en una vulnerabilidad emocional.

María está comenzando un nuevo trabajo en una posición gerencial de alta envergadura. Su nuevo empleo está a más de una hora de viaje en la mañana y en la tarde, o sea, más de dos horas de viaje en auto diariamente. Pepe está desarrollando su nueva oficina de servicios y enfrentaba problemas financieros. Como último detalle, y no por eso menos importante, ambos son tomadores diarios de vino y, en ocasiones, de más de una copa.

Veamos los estresores de la pareja y las distintas circunstancias que estaban enfrentando. A manera de repaso: 1) escaso tiempo de calidad juntos, 2) relación relativamente corta, 3) transición de parejas previas (con alto nivel de conflicto) en proceso de ajuste, 4) situaciones financieras y, 5) énfasis en el manejo de emociones y la manera de hablarse el uno al otro, que fue la razón que los trajo a terapia.

Aunque se trabajó con los eventos traumáticos del pasado, el contenido mayor estaba en lograr que los estilos de dialogar superaran las experiencias previas. El objetivo era generar un nuevo modelo para hablarse con amor, para lograr que la relación pudiera echar raíces y continuar creciendo.

Los errores que cometieron en el diálogo son los precursores a una terminación de la relación. La dinámica de diálogo estaba caracterizada por críticas constantes, actitud defensiva ante la crítica, atribuciones negativas, sarcasmos, ataques al carácter de cada uno y adjudicación de la culpa de los problemas enteramente a la pareja, sin asumir responsabilidad.

Utilizo este ejemplo porque es un caso donde, sin la debida intervención terapéutica, la probabilidad de éxito era muy baja. No obstante, en los momentos en que ambos conectaban en la intimidad de las sesiones, las demostraciones de afecto y cariño que ambos sentían el uno por el otro eran maravillosas.

Recuerdo que, en uno de los diálogos, él me explicó cómo ella se había descompensado y que su personalidad cambió de manera abrupta porque no le aceptó una cena que ella le preparó con el corte de carne preferido por él. Le expliqué que el enojo de ella no fue porque él no comió, sino porque la cena que preparó tenía como objetivo primordial procurar un momento de compañía e intimidad. Claro, con un esfuerzo mayor que era cocinar el plato preferido de él cuando ella también maneja grandes responsabilidades laborales. Al no lograr el resultado deseado, que era la compañía de él, se precipitó la demostración de frustración y coraje.

El pensamiento de ella era: «invertí tiempo, hice su plato preferido y ahora no voy a tener la compañía que yo anhelaba con la persona que amo». Más adelante les hablaré de la mujer amazónica. Ella lo que buscaba era compañía, un amigo y un amante, la tripleta perfecta para este tipo de mujer.

La recomendación en este tipo de relación es el uso de verbalizaciones afectivas que propicien una cultura de aprecio. Es necesario buscar un ambiente de compasión y armonía que estimule la activación del aparato biológico (hormonal y neuroquímico) y el sentimiento de adecuación y bienestar entre ambos.

En conclusión, ¿cómo se habla con amor? Aquí te doy algunos ejemplos de verbalizaciones para crear una cultura de aprecio:

- Gracias, mi amor, por haber hecho mi plato preferido.

- Oye, mi vida, esta comida está sabrosa.

- Qué talentosa eres.

- El chico sacó buenas notas en la escuela, gracias por apoyarlo en los estudios. Él disfruta cuando estudias con él.

- Qué hermoso te queda ese vestido, me recuerda la primera vez que salimos.

- Mi amor, gracias por tener siempre el auto nítido. Para mí es importante.

- Gracias por hacer la compra y, además, por haberme traído mi postre preferido.

- Gracias por compartir tiempo del fin de semana con mis padres, que para mí es importante.

- Me encanta cuando sacamos un ratito para ir a la playa juntos.

- Wao, me sorprendiste con las taquillas del concierto que yo quería ver. ¡Eres especial!

Como estos, hay un sinfín de maneras de crear una cultura de aprecio dentro de la relación, hablando con y desde el amor.

¿Cómo le explico que me saca por el techo cuando me habla como si fuera superior a mí?

En lo personal, jamás me ha gustado que las personas utilicen sarcasmos y condescendencias para dejarme saber un asunto o referirse a un tema. Por ejemplo, que si la persona piensa que no le estoy prestando la debida atención me diga, «¡Me impresiona cómo me escuchas tan atentamente!». Es difícil describir la sensación de incomodidad y frustración, pero yo pensaba que el que me hablaba así no lo hacía a propósito, sino que el problema era cómo yo codificaba el mensaje. Ya en mi etapa adulta, comienzo a ser más asertivo y a pedirle a las personas que me comuniquen directamente lo que me quieren decir de manera respetuosa y sin necesidad de utilizar sarcasmos.

Esto no es tarea sencilla, porque no quieres ir por la vida hiriendo a las personas. Tampoco quieres proyectar que eres insensible en el diálogo o que no tienes la paciencia necesaria para mantener conversaciones. Pero, mucho menos quieres andar por la vida siendo maltratado verbalmente por otros. Nadie me enseñó que el sarcasmo es una forma errónea de comunicar y que es un estilo que, en sí mismo, puede generar controversias o fallas en comunicación e interpretación. No obstante, no recuerdo en mis años de preparación académica que alguien se tomara el tiempo para identificar los errores en la comunicación (sarcarmo, ironía, etcétera) y darme estrategias de comunicación efectiva y asertiva.

Las dinámicas de socialización son las que definen el estilo de comunicar y cuáles tipos de lenguaje pueden usarse bajo determinadas circunstancias, independientemente de su impacto en quienes los reciben y en la psiquis humana.

En mi país, Puerto Rico, recuerdo esta emisora de radio que, en su mensaje promocional dándole las gracias a la audiencia por tenerlos primeros en las estadísticas, difundió pequeños diálogos de los segmentos de mayor audiencia. Todos y cada uno de ellos tenían a hombres utilizando insultos, discutiendo entre ellos, usando sarcasmos y mofas para hacer valer sus puntos de vista y transmitir sus ideas. Eso al parecer era lo que generaba audiencia, a la misma vez que desinformaba sobre la manera correcta de manejar conflictos.

Por otro lado, tenemos a un expresidente de los Estados Unidos de América, Donald J. Trump, cuyo estilo de comunicar fue a base de insultos y callando a quienes diferían de sus puntos de vista, empañando la credibilidad de quienes no estaban de acuerdo e incitando a la violencia. Aún así, cuando perdió la elección por la presidencia de los Estados Unidos de América obtuvo 74,222,552 votos (46.8%) a su favor. Así de normal es que una persona se comunique de manera violenta y que una inmensa mayoría no le censure.

A tenor con nuestro tema, una de las campañas de Melania Trump como primera dama era concientizar y erradicar el *bullying* a través de las redes sociales y los medios cibernéticos. Eso aparenta ser un gran logro para ella, pues *Twitter*, *Instagram* y *Facebook* decidieron restringir y cerrar las cuentas de su esposo, el expresidente Trump. Esto es un dato interesante, ¿no creen?

Las dinámicas de
socialización son las que
definen el estilo de comunicar
y cuáles tipos de lenguaje
pueden usarse bajo
determinadas circunstancias,
independientemente de
su impacto en quienes
los reciben y en la psiquis
humana.

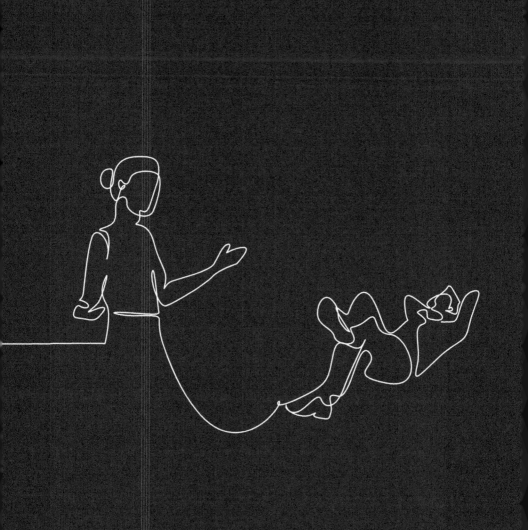

En este libro el objetivo es crear conciencia sobre muchos de los errores que cometemos al dialogar. Usando la comunicación asertiva puedes tener un diálogo más saludable, balanceado y digno que promueva las buenas relaciones con tu pareja y en todas tus interacciones diarias. En otras palabras, cuando te hable de manera condescendiente dile de forma amorosa que no te gusta ese tono, y que prefieres que hablen de manera respetuosa como los adultos que ambos son.

Así de sencillo.

¿A qué se refiere cuando dice que no la ayudo en la casa?

En el siglo XX la mayoría de las familias eran familias nucleares, donde el esposo salía a trabajar para proveer y la esposa se encargaba de mantener la casa y de la crianza de los hijos. El esposo tenía un rol menor en este último asunto. Con el paso del tiempo, las mujeres transfirieron su presencia del hogar al escenario laboral.

Actualmente, las mujeres se han insertado con excelencia en todas las áreas de especialidad que antes dominaban los hombres. Las escuelas de ingeniería, arquitectura, medicina, abogacía, negocios, educación están pobladas por mujeres. Hay mujeres en las áreas de construcción, electricidad, seguridad, etc. Por lo tanto, las dinámicas de pareja no pueden ser iguales que en el siglo pasado.

No obstante, muchos hombres no entienden esta transición. La percepción y conductas de predominancia machista se han acentuado, creando unas dinámicas difíciles de trabajar y que causan disrupción en las parejas del siglo XXI. Por ejemplo, le decía a este hombre en mi oficina que tenía que crear una cultura de aprecio y agradecimiento en la relación, a lo que él me pregunta, «¿qué es eso?». Le contesté que por cada acción que su pareja realice, ya sea cocinar, lavar la ropa o cuidar de los niños, él debería reconocer el esfuerzo y amor de su pareja y darle las gracias.

La contestación de él fue: «¿YO, DARLE LAS GRACIAS A MI ESPOSA POR COCINARME?». Mi reacción fue de risa y por un instante lo miré fijamente, diciéndole, «si ella se divorcia de ti, ¿quién te cocina? De seguro vas a tener que comer en restaurantes sin las comodidades del hogar, pagarle a alguien que te cocine o aprender a cocinar tú. Al fin y al cabo ella no es tu esclava personal. Estamos hablando de una mujer que se educó, que es una profesional y también trabaja ocho horas como tú, aunque en tu caso no tienes la preparación académica.»

Estas son algunas de las bellezas del proceso de terapia. Un constructo que este hombre tenía metido en el tuétano de sus asociaciones neuronales fue fácil de digerir con una respuesta sencilla, directa y honesta dada por otro hombre. Él se quedo pensativo por un momento, con la mirada fija en una de las esquinas de mi oficina. Luego, me miró y dijo, «Es cierto, doctor, no lo había visto desde ese punto de vista, pero es una realidad. Ella lo hace por amor».

El hombre, en una relación heterosexual, recibe su gratificación y significado mayormente de ser un proveedor, proteger y cuidar a su familia y satisfacer sus necesidades básicas de alimentación y afecto.

En el caso de los hombres emparejados con mujeres amazónicas (en breve lo explico), la necesidad de proveer y proteger disminuye por la naturaleza conductual de estas mujeres. Así que el hombre, en ocasiones, siente que su rol de hombre no está satisfecho o no es bien recibido. Se queja a menudo de no sentirse apreciado en su rol de proveedor y protector.

Es importante que el hombre entienda que su rol debe estar más dirigido a ser pareja de apoyo, demostrar su presencia en momentos clave y ser más un amigo y amante. Aún si su pareja es amazónica, eso no quiere decir que no sea una mujer romántica. La clave aquí es la adaptación: dejar de ser un hombre tradicional para ser un hombre que aprecie las capacidades de su pareja, adaptándose y aceptando que, si se presenta un asaltante a atacarlos, quizás sea ella quien lo someta mientras él llama al 911.

¿Cuál es la mujer amazónica? Una de las paredes de mi oficina está en blanco, sin cuadros ni decoraciones. Suelo bromear con algunas de mis pacientes féminas diciéndoles que esa pared está dedicada a las fotos invisibles y simbólicas de todas las mujeres amazónicas que han pasado por mi oficina. Pero, como su identidad está guardada por la confidencialidad, sus rostros tienen que permanecer en el anonimato.

¿Quién es una mujer amazónica? Cuando era muy niño, escuchaba la fábula de un grupo de mujeres que vivían en el interior de la selva del Amazonas sin hombres. Allí, ellas sobrevivían sin la necesidad del *homo sapiens* masculino y se encargaban de hacer todas las tareas atribuidas en el pasado a los hombres. Ellas hacían toda la construcción de vivienda, ingeniería, riego, siembra, la caza y, sobre todo, velar por su seguridad.

Las mujeres amazónicas eran excelentes guerreras, capaces de vencer al más feroz enemigo. En otras palabras, eran mujeres evolucionadas capaces de hacerlo todo. Para lo único que necesitaban a un hombre era para preservar su propia existencia a través de la reproducción de la especie.

Resulta que puede que no sea una leyenda. Hay evidencia arqueológica, descubierta en el 2019, que apunta a la existencia de una tribu de mujeres que cazaba a caballo con arco y flecha y que entrenaban y batallaban igual que los hombres. Los restos encontrados datan de hace más de 2500 años, y estaban cerca de lo que hoy día es la comunidad de Devitsa, en Rusia. Anteriormente, se encontraron otras evidencias en lo que hoy día es Armenia (Hawkins, 2019).

De hecho, ahora en los tiempos modernos hay una villa en Kenya, África, llamada Umoja Oasu, donde no se permiten hombres. Fue fundada en el 1990 por la matriarca Rebecca Lolosoli y un grupo de quince mujeres supervivientes de violaciones de soldados británicos. En el año 2015 eran cuarenta y siete mujeres y 200 niños los habitantes de esta población (Bindel, 2015).

¿Qué distingue a estas mujeres amazónicas que visitan mi oficina? Bien, son mujeres con un alto nivel de inteligencia, autosuficientes, preparadas académicamente, en la mayoría de los casos con grados superiores al bachillerato, decididas, luchadoras, con una autoestima saludable y con un nivel de energía por encima de la norma.

Son ambiciosas y, como toda mujer, revestidas de belleza. Con esta descripción tú pensarías, ¿cuál es el problema? Bien, el problema es que siguen siendo humanas, con necesidades afectivas y con deseos de estar en una relación. Su pareja ideal es amorosa, tierna, comprensiva, buen amante y que las trate con respeto, de igual a igual. El problema es que esto requiere que su pareja, si es un hombre, también sea un hombre evolucionado que acepte la autonomía de su pareja.

Si el caso fuera que es la mujer quien pretende que su pareja viva en el siglo pasado y quisiera regresar a los tiempos donde el machismo era la norma, invítala a leer lo expuesto anteriormente. La evolución es exitosa en la medida en que todos nos acoplemos a ella. La cultura del patriarcado, misoginismo y machismo ya pasó. ¡Hay que dejarla ir!

¿Por qué me está criticando todo el tiempo?

Recuerdo esta joven pareja de profesionales donde, al llegar a la oficina y sentarse para comenzar la sesión de terapia, una de ellas siguió hablando en su celular. En sesiones anteriores ella había mencionado su preocupación por el carácter agresivo de su pareja. Su pareja, entendiendo que ya estábamos listos para comenzar la sesión, le habló con suavidad.

— Mi amor, termina la llamada, que el doctor está esperando por nosotros.

— ¿No ves que estoy en el teléfono? ¡No me molestes! —le dijo la esposa, con enojo y con gestos bruscos.

— Amor, estamos pagando por estar aquí, por favor termina la llamada —le dice a los pocos minutos, tratando de llamar su atención nuevamente.

— ¡No jodas más! —y con la mano que tenía desocupada, le dio un golpe en la espalda. —Déjame tranquila, que esto es una llamada importante. Termino enseguida.

Al terminar la llamada ella me miró sonriente.

— ¿Cómo está doctor, todo bien?

— Bueno, estoy un poco preocupado. No sé si te has dado cuenta, pero acabas de golpear físicamente a tu esposo y utilizaste palabras fuertes y duras delante de mí.

— No, yo no hice eso en ningún momento, yo no le di a mi esposo.

— ¿Pero cómo es posible que tú le digas al doctor que no me diste, si él mismo te lo está diciendo? —le dijo su pareja, con una carcajada.

— Vaya por las veces en que él se pone violento conmigo —contestó ella, dirigiéndose a mí.

Aquí comienza el ciclo de actitud defensiva injustificada. Citando al pacifista y mártir, Mahatma Gandhi, «Ojo por ojo solo termina dejando ciego a todo el mundo».

Este caso tiene más de un elemento a evaluar: Además de la crítica, tiene agresividad y refleja también lo que son las conductas quizás aprendidas que repetimos por costumbre y sin conciencia plena. En la sicología a esto le llamamos «aprendizaje por modelaje», y tiene una robusta base inconsciente. Por tal razón, cuando se le señalan estos comportamientos, la persona los toma como críticas. No entienden que son comportamientos aprendidos y no corregidos. Esto se pudiera deber a que eran aceptados en el entorno donde se desarrollaron. Quizás en la dinámica de relación de sus padres se tomaban a broma, aunque en el resto de la sociedad no es la norma. Y mucho menos con un esposo que no creció en el hogar de ella sino que tiene otro equipaje distinto o hasta más complicado.

Yo no dudo que su esposo en ocasiones se haya comportado de manera violenta o agresiva con ella. Este tipo de comportamiento puede generar una escalada emocional en la pareja que puede ser muy peligrosa. ¿Cómo se da esta escalada violenta? No lograr una correspondencia en la comunicación genera frustración > la frustración puede generar enojo o coraje > el enojo o coraje puede terminar en agresividad > la agresividad puede resultar en una agresión.

> La crítica es un enemigo del amor y del bienestar de la relación en la pareja. Nunca, y digo nunca (noten que estoy utilizando un categórico absoluto), debe utilizarse una crítica para comenzar una conversación y mucho menos para tratar de conectar con la pareja.

Lo único que eso va a lograr es una reacción defensiva y quizás un ataque de respuesta. Esto puede desencadenar en un distanciamiento emocional y quizás físico de uno o, en su defecto, de ambos en la relación.

La crítica sólo genera guerra. Claro está, en nuestro ejemplo esto se pudo evitar si la verbalización del esposo al inicio hubiese sido una más asertiva. Pudo haber expresado lo que sentía sin juzgar sobre el comportamiento de su esposa. Vamos a ver varios ejemplos de cómo lo pudo decir.

En vez de decir: «Mi amor, termina la llamada, que el doctor está esperando por nosotros» pudo decir:

— Mi amor, el doctor está esperando por nosotros.

Al eliminar la parte de «termina la llamada», que es una directriz, ella podría reaccionar de distinta manera, pues no le está dando una orden y no percibe la comunicación como un intento de controlarla o dictar lo que ella debe hacer.

— Mi amor, cuando estés lista, comenzamos. Ya nosotros lo estamos.

En esta verbalización se le brinda la oportunidad de que sea ella quien decida explicar que la llamada es importante o dejar la llamada.

— Mi amor, sé que la llamada es importante. De lo contrario, ya estarías con nosotros. Cuando estés lista, comenzamos.

De esta manera, el esposo se hubiese percibido quizás más comprensivo y respetuoso con la decisión de su esposa de continuar en el teléfono.

No hay límite para la cantidad de verbalizaciones que podemos utilizar en este y otros momentos. La clave es hablar desde el «yo» evitando criticar, juzgar o culpar.

¿Cómo le explico que cuando se pone sarcástico me hace sentir fatal?

Mofarse de la pareja, hacerle muecas, utilizar la ironía y el sarcasmo, hacer gestos de superioridad, todo eso tiene como propósito disminuir el carácter o atacar la integridad de la pareja.

De solo describirlo parecería que más bien es un instrumento o un grupo de herramientas para utilizar con tu enemigo y no con la persona que amas. Aquí tenemos que recordar a Freud cuando hablaba del desplazamiento de las emociones negativas, lo que lamentablemente hacemos con quienes más seguros nos sentimos. No deja de ser equivocado y peligroso para la relación.

Les doy el ejemplo de esta pareja, de ahora en adelante llamados Ramón y Ramona. Ambos eran profesionales, exitosos, súper especialistas cada uno en su área. Estas dos personas que hoy día gozan de una mejor relación, llegaron a la oficina cada uno con su repertorio de frases hirientes y botones nucleares que activaban a la menor provocación. Entiéndase por botón nuclear aquella frase o palabra que uno sabe que hiere a su pareja. El grupo de frases intelectualmente escogidas con el único propósito de insultar era impresionante.

En ocasiones ella interrumpía el diálogo de su esposo para comenzar a imitarlo con un tono burlón y semejando a una persona con problemas del habla. El contraatacaba atribuyéndole a ese comportamiento los fracasos de ella en otras relaciones y sus problemas de relación con conocidos y amigos. Ese dato la devastaba. Amigo lector, estoy haciendo referencia a una gente bien buena, con grandes sentimientos, con un corazón enorme, profesionales de primera línea que, sin las herramientas para manejar el diálogo, sencillamente estaban destinados a fracasar en la relación, ambos por segunda ocasión.

Con la menor provocación, ambos incurrían en la dinámica de crítica-defensividad y de la crítica que no lleva a ningún lado. Es interesante, porque el análisis de este caso fue que ambos deseaban estar juntos, pero los estresores individuales y en conjunto eran abrumadores. La falta de herramientas para dialogar imposibilitaba que pudieran resolver los problemas sin entrar en una escalada emocional totalmente paralizante e inefectiva.

Lo más importante para nosotros es que el resentimiento dentro de la relación de pareja es el mayor predictor al divorcio. Por tal razón, debe detenerse y eliminarse de la dinámica de la relación.

Les informo que Ramón y Ramona salieron adelante poniendo en práctica las herramientas que proveo en esta lectura, tales como hablarse con amor, respetar sus diferencias, entender la dinámica de la igualdad en las responsabilidades del hogar, y las que siguen en las siguientes preguntas. Así que, tranquilos, porque hay esperanza.

El antídoto para manejar el desprecio es crear una cultura de aprecio y respeto. El desprecio se expresa desde una superioridad moral y con una postura o posición que sugiere una aparente ventaja de la otra persona.

Cuando se crea una cultura de aprecio y respeto en tu relación, no hay cabida para sentimientos negativos. Al contrario, se estimulan los neurotransmisores y hormonas que provocan placer y bienestar.

Cuando se crea una cultura de aprecio y respeto en tu relación, no hay cabida para sentimientos negativos. Al contrario, se estimulan los neurotransmisores y hormonas que provocan placer y bienestar.

A continuación, algunos ejemplos acerca de cómo crear una cultura de aprecio. Es dejarle saber a tu pareja todo aquello que agradeces por sus pequeñas o grandes aportaciones a la relación. Estos ejemplos son simples agradecimientos.

Da las gracias por:

- La comida que cocinó

- La llamada para saber cómo estabas

- El apoyo recibido con los niños cuando tuviste que trabajar horas adicionales en la oficina

- Aceptar visitar a tus padres cuando sabes que él o ella hubiese preferido hacer otra cosa y lo hizo de buena manera

- Ofrecerse a hacer o asumir la responsabilidad en algunas tareas domésticas

- Planificar un viaje

- Ayudar en la coordinación del cumpleaños de los niños

- ¡Y otras tantas cosas!

Generar un ambiente compasivo dentro de la relación y promover las conductas que ya hemos mencionado y que fueron evaluadas por la ciencia es una ganancia, tanto para la pareja como para los hijos en la pareja.

¿Por qué siempre está a la defensiva?

Algunas personas activan su mecanismo de defensa luego de recibir un ataque, sea real o percibido. En los ejemplos anteriores, ¿recuerdas a la joven que golpeó a su esposo en mi presencia? Su respuesta luego de realizar lo que había hecho fue, «vaya por las veces en que él se pone violento conmigo». Esto es una respuesta defensiva. ¿Recuerdas la carta de la niña de nueve años donde se refería a su padre diciendo: «[…] y en las conversaciones importantes interrumpe por sentirse amenazado»? Esa es una reacción defensiva.

Otro ejemplo de una respuesta defensiva es violentar la regla dorada de la comunicación, la regla del oyente-parlante, que dice que cuando uno habla, el otro escucha. La buena noticia es que la manera de manejar una actitud defensiva es bastante sencilla. La dificultad es que requiere una dosis grande de humildad, vulnerabilidad y autocompasión.

La persona debe comenzar a aceptar su responsabilidad en el diálogo e identificar y levantar la mano cuando comete errores en la manera de expresar. Este es un gran paso en el proceso de sanación personal y de pareja.

Te comento que cuando una parte de la pareja acepta su responsabilidad por aquellas acciones que dañan la relación, el proceso de sanación se comienza a notar inmediatamente en las dinámicas de diálogo. Se ve la empatía entre ambos y el refuerzo y apoyo de la pareja que reconoce los esfuerzos que se hacen. Suelo bromear en los talleres de pareja que cuando presencio esto, «la oficina se ilumina de luz escarlata, comienza a cantar un coro de ángeles celestiales y desde la ventana de mi oficina aprecio un grupo de palomas blancas que comienza a bailar».

La actitud defensiva es una conducta que está prácticamente omnipresente cuando las relaciones están en su peor momento. Esto ocurre porque uno o ambos en la relación se sienten injustamente acusados. Están buscando excusas y justificaciones para hacerse los inocentes dentro de la relación y victimizarse, responsabilizando las conductas de su pareja por lo mal que está la relación.

Desafortunadamente, esta estrategia nunca resulta. El único mensaje que le estamos llevando a nuestra pareja es que cualquier cosa que me pueda decir no es cierta, pues no estoy asumiendo responsabilidad sobre mis actos. Por lo tanto, la impresión que queda en el otro es que, «soy perfecto, y no soy parte del problema». Veamos un ejemplo.

— Hola, ¿cómo estás? ¿Pudiste llamar para verificar el salón de la fiesta de cumpleaños del niño?

Respuesta defensiva: «Estuve ocupado todo el día. Sabes que tengo un montón de cosas que hacer y encima de eso me pides que haga otras tantas cosas más. ¿Por qué, si te urgía tanto, no lo hiciste tú?»

Respuesta asertiva: «Es cierto, habíamos acordado que lo haría, pero no he podido hacerlo y aún me quedan varias gestiones de trabajo por hacer. Déjame poner una alarma en el teléfono para llamar antes de que termine el día. Gracias por recordármelo.»

En la respuesta defensiva no tan solo la persona tiende a defenderse, sino que también le asigna responsabilidad a la otra persona cuando ya habían tomado un acuerdo previo. En la respuesta asertiva la persona se disculpa y ASUME responsabilidad. Esto no tan solo dignifica la relación, sino que también hace sentir al emisor que su pareja le escucha, atiende, aprecia y valida en su relación.

La actitud defensiva no es otra cosa que echarle la culpa a tu pareja, y no hay manera alguna de que esto pueda resultar en un manejo saludable de los problemas o conflictos en la relación. Al contrario, los agrava y continúa incrementando el resentimiento entre ambos.

La actitud defensiva no es otra cosa que echarle la culpa a tu pareja, y no hay manera alguna de que esto pueda resultar en un manejo saludable de los problemas o conflictos en la relación. Al contrario, los agrava y continúa incrementando el resentimiento entre ambos.

¿Por qué no me habla?

En la relación de pareja aparece una pared imaginaria cuando uno de los dos tiende a alejarse sin responder, a hacer mutis o quedarse callado y con esto evitar la confrontación o tener que hablar con su pareja. Algunos desarrollan mecanismos para mantenerse ocupados, como:

- Quedarse más horas en el trabajo

- Buscar un pasatiempo

- Conectar con amistades

- Utilizar el celular para abstraerse de la realidad

- Tratar de conseguir gratificación a través de las redes sociales

- Invertir horas en series cinematográficas

Cuando esto ocurre, la relación está bastante deteriorada y es cuestión de tiempo para que el distanciamiento emocional termine con el compromiso de la relación.

La recomendación clave en estos casos es pedir un tiempo para relajar el ánimo y evitar una escalada emocional, haciendo el compromiso de recapturar la comunicación. El tiempo recomendado es de algunos veinte minutos en lo que ambos están más tranquilos y pueden continuar el diálogo.

Esto de evitar hablar pasa más con los hombres. Te comenté anteriormente sobre los estudios realizados por el Instituto Gottman que mencionan que casi el 85% de los varones tiende a huir de la comunicación y alejarse de su pareja. Pero, huir de la conversación en pareja no es exclusivo de los hombres. Recuerdo esta pareja donde el esposo estaba desesperado porque sus intentos de conectar con su esposa eran nulos. Según él decía, pasaban los fines de semana de querer estar juntos a no hablarse, pues ella decidía no hablarle ante la menor discusión, por más intentos de retomar el diálogo que él hiciese. Al preguntarle en la oficina por qué ella adoptaba esa conducta que los separaba cada vez más, su contestación fue bastante ilustrativa. Me comentó lo siguiente:

— Doctor, es que mi esposo es una persona con un don de la palabra, y si yo me pongo a hablar con él nunca voy a tener la razón.

— Uhm, veo. ¿A qué se refiere cuando dice que no va a tener nunca la razón?

— Es que él se expresa muy bien, y cada vez que hablamos él termina dominando la conversación con sus argumentos.

— ¿Piensa usted que sus argumentos son equivocados?

— No, no es eso.

— ¿Entonces, qué es?

— Es que siento que no expreso lo que quiero decir.

— ¿Y qué sucede?

— Pues me quedo callada…

— ¿Es esa una buena estrategia?

— Pienso que no… —se sonríe.

— ¿Qué piensa que puede suceder si usted se queda callada y no expresa su punto de vista?

— Pues, que él va a ganar siempre.

— ¿Pero él le ha verbalizado que es una competencia?

— No, nunca.

— Veo. Si no es una competencia y usted se queda callada, ¿cuál piensa que sería una consecuencia natural de ese ciclo?

— Lo que está pasando, que no hablamos las cosas, nos sentimos distantes y siento que el amor se ha enfriado un poco, o bastante.

— ¿Cuál piensa que sería una solución a esto?

— Bueno, pienso que hablando, pero, ¿para qué?

— ¿A qué se refiere?

— Es que él siempre va a tener la razón…

— ¿Y es eso algo malo, o bueno? Me ha dicho que es un buen hombre, que la quiere mucho y que es muy inteligente.

— No es que sea malo.

— ¿Y qué es?

— No sé, realmente

— ¿Le puedo hacer una pregunta, quizás extraña? ¿Me lo permite?

— Sí, doctor, claro.

— En su familia de origen, específicamente en su crianza, ¿alguno de sus padres era muy crítico con usted? ¿La disciplina era muy autoritaria?

— Bueno, sí —luego de un silencio, acompañado de un pequeño suspiro —mi papá era bien fuerte conmigo. No escuchaba razones y no dejaba que uno hablara y era lo que el decía.

— Uuhhmm. Veo. Ese estilo de hablar de su papá, ¿se parece en algo al de su esposo?

— La realidad es que mi esposo es un buen hombre y no me trata mal. Es que soy yo la que no sé que decir o cómo decirle las cosas que me molestan.

— Ok, le escuché, y créame que la puedo entender. Le pregunto, ¿qué le parece esta propuesta? Si tenemos un diálogo usted, su esposo y yo, para que usted pueda comunicar lo que siente y sentirse escuchada y validada en sus planteamientos a la vez que logramos que él pueda escuchar lo que usted tiene que decir, ¿sería una buena idea para usted?

— Doctor, sabe que sí. Eso sería genial. Es lo que necesito. De lo contrario, como usted explicó, si no hablamos la relación puede que termine, y yo no quiero eso. Lo que necesitamos es poder hablar y que nos sintamos bien los dos al hacerlo. **Lo que quiero es que me hable con amor.**

Como puedes observar de la conversación, el residuo emocional que perdura en el sistema nervioso (memoria emocional) puede, de manera inconsciente, intervenir en nuestras conductas, aún en la etapa adulta. Si además no tuvimos una exposición a un manejo adecuado para afrontar situaciones estresantes, es probable que nuestra respuesta sea una instintiva (huir, pelear, o quedarse congelado).

Recuerda, es cuestión de separar veinte minutos en un momento y ambiente adecuado para tener una conversación sana.

Puedes utlizar la estructura de diálogo en pareja que se mencionó anteriormente. Recuerda además seguir las diez recomendaciones para un diálogo asertivo y efectivo.

¿Qué hago cuando se enoja?

Una persona en mi oficina me dice, «doctor, estoy aquí pero sé que mi esposo ya no me quiere y no hay nada que podamos hacer. Él está conmigo por pena o porque no quiere dejar a los niños» (pensamiento del todo o nada). Mi primera reacción es, «Wow, vamos con calma. Me está hablando del hombre que llamó para sacar la cita y que está aquí en su horario de trabajo regular, y que además ya pagó la sesión antes de tenerla». La esposa me mira y me dice, «¿qué quiere decir? Eso no significa nada». (Oh, oh, otro pensamiento de todo o nada.) Le digo, «Comienzo por mencionarle que es muy raro o poco usual que un hombre saque una cita con el terapeuta, saque el tiempo y además pague la cita si no está interesado en resolver o al menos dar la oportunidad de trabajar la relación». A lo que ella replica con otro pensamiento dicotómico (el tercero): «Es que él ya no tiene intimidad conmigo, no me abraza, no me busca y apenas habla».

Estas acciones pueden ser reales pero no por las razones que ella imagina, sino que tienen que ver con el hecho de que su pareja es del sexo masculino. ¿Recuerdas cuando hablé sobre las diferencias entre los sexos? La mayoría de los hombres, ante situaciones difíciles en la relación, tienden a alejarse, escapar, retraerse y crear una pared impenetrable que los cobija de las escaladas en las discusiones. Esto está muy lejos de no querer a su pareja. Si lo vemos en el contexto correcto, alejarse para evitar discusiones es un acto de cuidado en la relación, aunque lo correcto es **hablar con amor**.

Veamos cómo podemos resolver la percepción de que la relación ya terminó cuando en realidad no es así.

[
Cuando una mujer está ansiosa, una de las maneras en que su cuerpo genera oxitocina para poder calmarse es **DISCUTIENDO**. Una de las herramientas que tenemos para provocar esa calma y que nuestra pareja se relaje y sienta apoyo es con un abrazo de cuerpo completo de seis segundos.
]

Les relato este evento que ocurrió en mi oficina. Esta mujer está describiendo cómo se siente sola, abandonada, aislada de su pareja y, mientras levanta su voz, comienza a levantarse del mueble donde estaba sentada y a tomar la pose que su esposo asume cuando le pasa por el lado en el pasillo de la casa. Su pecho y cuello se tornan rojos y abre sus ojos grandes (el rojo del pecho es el reflejo de otra hormona conocida como cortisol, que es la hormona para combatir el estrés). El esposo me mira preocupado, pero a la misma vez quizás pensando: «qué bueno que el doctor está presenciando un acto de posesión demoníaca de mi esposa, que no son cuentos lo que yo vivo».

Yo, casi adivinando esos pensamientos, levanto la mano pidiendo turno para hablar, y ella detiene la narración acelerada y en escalada y me mira, como cediendo el turno pero sin decírmelo. En ese momento no pierdo tiempo y le digo, «¿tú permites que tu esposo te abrace en este momento?» A lo que ella responde con otra respuesta dicotómica, o de blanco y negro (en realidad negro carbón). «¡Es que a él no le interesa!» Yo miré al esposo y con mi mirada le pedí que la abrazara. Él se levanta y respetuosamente le dice, «¿puedo?» En ese momento ella le grita, «¡CLARO QUE PUEDES, si eso es lo que necesito!».

Claro, el terapeuta (yo) sabe que a través de los abrazos la glándula pituitaria genera oxitocina (el calmante natural), así que el acto que yo estaba pidiendo no era uno al azar, sino con todo el conocimiento científico de que iba a dar resultados. ¿O no es eso acaso lo que sucede cuando un hijo está llorando porque se dio un golpe, o cuando está sufriendo porque lo dejó la novia, y la mamá lo abraza? La ciencia confirma lo que el instinto

humano hace por naturaleza: la necesidad de afecto, sentir apego, recibir y sentir compasión y amor. Recuerden, hay otras maneras en las cuales la mujer genera oxitocina, esa hormona maravillosa: a través de caricias, besos, toque de cabello, toque de piel, diálogo afectivo, intimidad sexual, presenciar un acto filantrópico o el que su esposo dedique tiempo de calidad a sus hijos.

En un momento dado llegué a tener por pacientes a un grupo de amigas que se habían referido entre ellas a mi oficina. En diálogo con ellas, de manera individual, me mencionaron que ellas tenían en común el mismo médico. Era un siquiatra que, ante la ansiedad que ellas experimentaban, les recetaba el mismo medicamento ansiolítico. Esa pastilla era esencial en sus reuniones de amigas. Si supieran sus parejas que solo con seis abrazos de seis segundos al día la cuota de relajamiento estaba alcanzada, de seguro que algunos estarían dispuestos a cooperar. Sobre todo, si supieran que una de las vías a un sexo espectacular es estar emocionalmente disponible para su pareja.

¿Por qué se enfoca en los detalles negativos cuando le pido opinión?

Esto sucede cuando nos enfocamos en un solo punto negativo y olvidamos el todo. Es cuando él está pintando la casa, termina una pared inmensa que le tomó horas hacerla y le pide opinión a su pareja. La pareja observa y camina hasta pegar su cara en una esquina de la pared para decirle a su esposo que se le quedó un «chivo» en esta área. A lo mejor le dice que no es un chivo, pero que solo le dio una mano de pintura. (Entiéndase por chivo que hay un área más clara que otra o sin pintura.)

No tan solo es desalentador oír eso, sino que se percibe injusto, ya que el trabajo fue arduo y no hay una palabra de aliento al respecto. De hecho, esto se considera hoy día un hecho neurológico real y medible. Cuando nos enfocamos en un solo aspecto, todo el racimo (*cluster*) de neuronas que están alrededor de las que están procesando ese pensamiento se activan y a su vez siguen transmitiendo el mismo mensaje. El disparo neuronal se convierte en una red, como si fuera el fenómeno que ocurre en el viñedo cuando hay un incendio.

Tony Robbins, empresario, autor entre los más vendidos del NY Times, filántropo y el estratega de vida y negocios número uno de la nación americana, describe de una manera sencilla este fenómeno: *Where focus goes, energy flows*. O sea, donde se enfoca tu mente, ahí fluye tu energía. Si decidimos enfocarnos solamente en lo malo, muy poco vamos a poder disfrutar de lo bueno.

Veamos el siguiente ejemplo, donde podemos evitar una escalada emocional por una verbalización realizada de manera equivocada. Volvamos a la situación de la pintura. El esposo acaba de pintar una pared de la sala de la casa y le pregunta a su pareja por su opinión. La esposa se acerca a un área donde falta un poco de pintura y le dice, «Aún no has terminado, te falta todavía pintar aquí». Esta sobrefocalizacion puede ocasionar en el esposo un poco de decepción, ya que el foco de atención y opinión es el área que no está pintada.

Para evitar una reacción defensiva, podemos utilizar la técnica del sándwich que te explico ahora y así llevar de mejor manera el mensaje. Una validación positiva: «Mi amor, qué mucho has pintado, vas a buen ritmo». Luego, la parte que queremos realzar y que no queremos que suene a crítica: «Oh! Aquí hay un área que solo tiene una pasada de pintura». Y por último, cerramos con una nota positiva. «Por lo demás, está quedando muy bonita la pared». Validación-observación-validación = sándwich.

¿Para qué le voy a decir un piropo si NUNCA me lo acepta?

Esto sucede cuando tu pareja te dice que estás muy guapo y le contestas, "Ay, es que tú me ves con los ojos del corazón». O le preguntas a tu pareja si le gusta tu nuevo color de pelo, él dice que le encanta y la contestación tuya es, «no te creo, lo dices para que me sienta bien». Este error es bien peligroso, porque puede generar un clima negativo y la NO aceptación de las palabras de afirmación y cariño de parte de su pareja amada. Esto puede crear una capa peligrosa de impermeabilidad ante la sensibilidad de la pareja y la necesidad que pueda tener de ser percibida como una persona amorosa.

[
Por lo tanto, permítete disfrutar de los pequeños detalles de la vida, de las cosas lindas que te puede decir tu pareja y de toda la riqueza de las vivencias que cada día experimentan, por simples y pequeñas que parezcan.
]

Además de sentirte bien, vas a mejorar tu salud emocional, siendo una persona que vive en gratitud. Recuerda que tu componente neurológico está íntimamente atado a tu procesamiento de pensamientos.

¿Cómo manejo su inseguridad?

Cuando te dejas llevar por las emociones en vez del raciocinio (usar la razón), puedes creer que tus emociones y pensamientos negativos son la absoluta realidad. Ejemplo:

— Doctor, estoy seguro de que mi esposa me es infiel.

— ¿Cuán cierto es esto? ¿De dónde obtienes la información?

— La realidad es que no tengo pruebas, pero algo dentro de mí me dice que así es.

— Caramba, pero me mencionaste que estabas seguro, ¿y ahora me dices que es algo dentro de ti? ¿Cómo es ese algo?

— No sé como explicarlo.

— O sea, que primero estabas seguro, luego es algo dentro de ti, y que además no sabes cómo explicar...

— ¡Doctor, estoy seguro!

— ¿Cómo estás seguro, si es algo que no sabes cómo explicar y tampoco tienes pruebas? —El hombre hace un detente, dudoso. Entre confuso y relajado, sonríe. Entonces yo procedo. —Déjame preguntarte: en tu primer matrimonio la relación terminó por una infidelidad de tu esposa hacia ti. ¿Correcto?

— Sí, doctor, y no le conté que mi primera novia, con quien estaba comprometido y muy enamorado, me falló acostándose con mi mejor amigo. Yo los sorprendí en mi casa un día al llegar del trabajo.

— ¿Crees que ese algo interno que no sabes qué es sea tu historia pasada, que está interfiriendo con tu actual relación?

— ¿Eso es posible?

Te pregunto, amigo lector, ¿qué crees? La respuesta es un absoluto y rotundo SÍ.

El razonamiento emocional normalmente se trabaja dando la oportunidad de escuchar la postura de la otra persona con relación a los eventos que generan el error de pensamiento. No obstante, el ejemplo que te di es uno que requiere una intervención más profunda, porque se trata de un daño sicológico ocasionado por eventos previos. Debe evaluarse por un profesional que te brinde los instrumentos y herramientas terapéuticas para reprocesar el evento y ayudar a sobrepasar y sanar esas heridas.

¿Podré conseguir pareja después de terminar esta relación?

Me mencionaba esta dama que, al parecer, estaba en una relación de poca conveniencia a juzgar por la manera en que se comportaba su casi inexistente compañero. Este no estaba comprometido con la relación, le atendía muy poco, la visitaba solo para tener relaciones íntimas y luego desaparecía por varias semanas. El hombre en cuestión estaba casado con otra. Mi paciente estaba muy triste, pues tenía mucha ilusión y había llegado a enamorarse de esa persona que le había prometido estar con ella luego de que se completara el proceso de divorcio con su actual esposa. De esa promesa al día de hoy habían ya pasado cinco años.

— Creo que me voy a quedar sola a mis cincuenta y cinco años de edad. Yo no soy de salir a menudo y tampoco sé como conseguir pareja.

— Primero, déjeme consultar a mi coterapeuta, la Dra. SIRI —tomé mi teléfono celular y le pregunté —SIRI, ¿cuántas personas habitan en el planeta tierra?

— *SIRI: Para el año 2018 había en el planeta tierra 7,655,957,369 personas.*

— ¿Usted cree que al menos una de esas 7.7 billones de personas podría interesarse en ser su compañero o compañera de vida? —le pregunté a la dama, quien se sonrió —Date la oportunidad de tener una conversación directa y sincera con este señor. Déjale saber que no te sientes cómoda en una relación que no te dignifica. Y si no es capaz de llevar a cabo su promesa en el tiempo que le pidas, entonces el plan debe ser apoderarte, enfocarte en ti y darte la oportunidad de conocer personas que estén dispuestas a valorarte dentro de una relación de reciprocidad, respeto y dignidad.

Ella estuvo 100% de acuerdo.

[
Amigo lector, nunca es tarde para conseguir pareja. En mi práctica esta es una de las intervenciones que más disfruto. Establecer el plan para buscar la pareja ideal y enamorarle es un viaje interesante y lleno de muchas emociones, así que deja de preocuparte y comienza por ocuparte.
]

¿Por qué siempre me sale todo mal en mi relación?

Cuando se desata una discusión, ¿te atribuyes la culpa? «Es que yo siempre tengo la culpa de todo, es que nunca hago nada bien, siempre hago las cosas mal, soy la peor persona...».

En ocasiones veo este comportamiento en mi oficina, y procedo a primero sacar a la persona de la emoción y pensamiento en escalada. Puedo decirle, «Creo que tu pareja coincide conmigo en que eres una persona exitosa, muy inteligente y con mucho amor en esta relación». Esto lo acompaño de datos reales discutidos en sesiones anteriores y que mantengo en mis notas. Luego le pido opinión a la pareja, quien de inmediato procede a apoyar mis comentarios. Al acompañar esto de un silencio terapéutico, la persona cesa de auto criticarse, se queda pensativa y tiende a sentir un poco de vergüenza.

Luego intento reparar el momento pidiéndole que nos diga por qué piensa lo que verbalizó, ya que ninguno de los presentes le había acusado de las verbalizaciones que realizó. A veces salen a relucir experiencias pasadas de maltrato verbal, y no necesariamente están relacionadas con la persona que está en ese momento de pareja. Pero, cuando sí lo están, es una oportunidad para trabajar y cesar el patrón negativo.

Muchas personas que tienden a caer en este tipo de error de pensamiento reflejan una pobre imagen de sí mismos. Por lo tanto, el trabajo de reparación y terapia no necesariamente es siempre uno de pareja, sino que, en ocasiones, requiere una intervención individualizada dirigida a mejorar el autoconcepto y autoestima de la persona.

¿Cómo logro que deje de ponerme etiquetas?

Este tipo de comportamiento de crítica a los demás (adjudicando sobrenombres o utilizando adjetivos negativos) para destacar las cualidades negativas de las demás personas es un error terrible. No permite que fluya la comunicación con ninguna de las personas etiquetadas y predispone al receptor de la etiqueta para comenzar una discusión.

Cuando esto ocurre, lo que comienza es una guerra y ataque defensivo y se pierde y distorsiona lo que realmente es importante. Se enfoca la comunicación en la persona y no en el asunto. El etiquetado genera, con el paso del tiempo, un resentimiento en contra de quien practica el uso de etiquetas. La persona es calificada o «etiquetada» como una persona difícil y obtusa con la cual no se puede mantener un diálogo saludable, resultando, desafortunadamente, en la soledad y aislamiento de la persona que realiza esta conducta. Irónico, ¿no?

> [
> Hablar con amor no es exclusivo para la pareja,
> y en el caso de los cristianos es un mandato.
> Trata a tu prójimo como a ti mismo. Si esa
> filosofía rinde dividendos, pues mucho mejor,
> ¿no crees?
>]

La manera de evitar este error es creando una cultura de aprecio y respeto a las diferencias. Les comparto que un cliente se encontraba con uno de los sobrinos de su esposa, a quien consideraba como un hijo, en un día de compras. Una vez en el centro de comercial, le preguntó antes de empezar las compras cuánto dinero se quería ahorrar de lo que había presupuestado gastar. El sobrino entendió la pregunta, pero no entendía cuál era la propuesta.

Mi cliente le explicó. «Cada vez que vayas a una tienda, vas a fijarte en el nombre de la persona que aparece en su carnet de empleado y le vas a llamar por su nombre. Luego, le vas a dar los buenos días y le vas a tratar amablemente mientras te brinda el servicio. Al final de la compra vas a preguntar, con una sonrisa, si el artículo que estás comprando tiene algún descuento ese día.» El resultado fue un 15% de ahorro de lo presupuestado en todas las compras.

¿Cómo es que no ve lo que yo veo?

«¿Viste lo que yo vi?» Lo esperado a esta contestación es un rotundo «sí, seguro que vi lo que estás viendo». Esto es un error de lógica astronómico. Tu pareja nunca ve, siente o procesa de manera idéntica una misma observación sobre la misma cosa, objeto o fenómeno que tú. Esperar que tu pareja interprete lo mismo que tú, además de ser un error de lógica y percepción, es un deseo que no se va a cumplir. El resultado neto siempre va a ser una gran frustración y falla en tus expectativas.

Cada persona se diferencia de diversas maneras y por muchas razones: su componente biológico, componente hormonal, trasfondo histórico, circunstancias de lugar, espacio y tiempo, familia de origen, conocimiento adquirido, destrezas, habilidades, gustos, preferencias, formas de reaccionar ante los eventos de la vida, maneras de reaccionar al estrés y, de seguro, otros tantos factores.

Por lo tanto, tratar que tu pareja vea y reaccione a las situaciones del día a día de igual manera que tú, no es tan solo una quimera, sino una misión imposible. Y si lo que buscas en la vida es conseguir un alma gemela, solo me resta desearte mucha suerte.

Aún los gemelos idénticos tienden a diferenciarse en personalidad y preferencias, inclusive en ciertas características físicas. Más aún, en entrevistas a hermanos gemelos, si algo en común tienen es que la mayoría de ellos detestaban que sus padres los vistieran iguales.

Todas las personas, como dije anteriormente, varían porque son únicas e irrepetibles. Cada uno trae un trasfondo, una historia personal, una familia de origen, talentos, habilidades, componentes hormonales e historia de vida distintas. Veamos este ejemplo. Un día, mi cliente, quien es una mujer sumamente inteligente, le dijo lo siguiente a su marido: «Amor, quiero que veas un video que acabo de recibir». El resto del día siguió insistiendo en que su esposo lo viera. Ya entrada la noche, y en el lecho de descanso, le pregunta una vez más, «¿viste el video?». El esposo le respondió que no y le pidió que se lo mostrara.

Interesantemente, el video consistía de un sicólogo terapeuta de pareja en España, quien hablaba sobre el concepto de la igualdad en las relaciones heterosexuales, o más bien el manejo de lo que él le llama las cargas mentales. Se refería específicamente a las cargas de trabajo y los roles que por siglos se le adjudicaron al género en la dinámica de la pareja. Este experto hablaba sobre la concepción de muchos hombres de que hay roles que son únicos y exclusivos de la mujer según han aprendido por socialización o

Por lo tanto, tratar que tu pareja vea y reaccione a las situaciones del día a día de igual manera que tú, no es tan solo una quimera, sino una misión imposible. Y si lo que buscas en la vida es conseguir un alma gemela, solo me resta desearte mucha suerte.

por un machismo anacrónico en nuestros tiempos, y que ese comportamiento es incorrecto.

Desde luego, demás está decir que coincido con el terapeuta, pues prácticamente a diario suelo establecer esa diferenciación con las parejas que trabajo en terapia. Cuando percibo o detecto que hay cierta inequidad en la carga, aludo a los roles tradicionales y señalo lo que debería ser una carga justa y equitativa dentro de la relación. Sobre todo, cuando la mujer también cumple con una jornada laboral a tiempo completo fuera de la casa.

Luego de observar el video detenidamente el esposo le dio las gracias a mi cliente por la información que le había compartido, como un acto de cortesía y agradecimiento. Jocosamente, ella le pregunta (con cierta ironía), «¿qué aprendiste?». Él contestó, «hubo una parte importante que me llamó la atención. El experto menciona que los espacios de descanso deberían tomarse en conjunto, para evitar que la percepción de inequidad en cuanto a la carga de trabajo pueda causar malestar en uno de los componentes de la pareja».

Ella vuelve a preguntarle: «¿eso fue lo único que aprendiste?». Él le dice que le gustó mucho la manera en que el vídeo plantea la diferenciación de los roles como una cuestión del pasado.

Mi cliente viene a mí con la queja de que eso fue lo único que el esposo aprendió. Yo le contesto, «Aparentemente hay algo que tú consideras importante que él viera y aprendiera de ese video. ¿Qué es? Aprovecha y dícelo aquí.» Ella contestó rápidamente, «no, está bien, no era importante. Si no lo vio es que nunca lo va a ver».

Ufff, mis amigos, este es un ejemplo del error de las almas gemelas. Es esperar que tu pareja vea lo mismo que él o ella ha visto. Si tenemos la expectativa de que nuestra pareja vea lo mismo que nosotros y que procese el evento con la misma intensidad, vamos a sufrir una gran decepción y frustración de por vida, porque la realidad es que nunca lograremos que nuestra pareja pueda ver y sentir igual que nosotros vemos y sentimos.

Para no dejarlos con el suspenso, la cliente de mi ejemplo lo que buscaba era que su esposo entendiera el concepto de las cargas mentales. Desde su punto de vista, ella asumía muchas microdecisiones que en su acumulación eran una carga mental sustancial. Pude entender su punto y le aconsejé a su esposo participar más en la toma de decisiones del colegio de sus hijos y de otras actividades extra curriculares, como hacer la compra, participar en las citas médicas de los niños, etc.

¿Cómo le explico que no todo lo que digo es por pelear?

Definitivamente, nadie está en una relación y dice cosas para generar una discusión o pelea. Lo que uno desea es estar bien y en paz. Probablemente, el problema estriba en la manera en que se está llevando el mensaje. Quizás contiene un lenguaje defensivo, o está culpando o juzgando, o suena a queja, etc. Todo esto lleva a malas interpretaciones y, a su vez, levanta una ola emocional en la pareja. Vamos a trabajarlo de varias maneras.

Si tu pareja te dice que estás peleando, inmediatamente levanta la mano y asume responsabilidad, diciendo: «No fue mi intención parecer que quería pelear. Me disculpo por eso». Esto va a sorprender a tu pareja y va a pensar que los extraterrestres le cambiaron a su media naranja durante la noche. Y eso es bueno, porque tiene que notarse la intención de cambiar y mejorar el diálogo. Una vez captures la atención de tu pareja, procede a decir lo que sientes, cuál es tu expectativa o qué esperas a cambio.

Ejemplo: «No quise sonar como que estaba peleando. Solo quiero decir que me siento un poco frustrado cuando veo que hay dos galones de leche en la nevera, y los dos están abiertos. Esto me frustra, porque a veces tengo que botar leche vencida y es dinero que se pierde y alimento que se desperdicia. Lo único que pido es que abramos uno la vez según la fecha de expiración, y así somos todos responsables con el consumo de la comida.»

El ejemplo anterior es preciso y conciso: 1) dice cómo se siente, 2) va al asunto y 3) expresa lo que pide.

[
Describir los sentimientos y las emociones que sentimos sin señalar ni acusar a nuestra pareja redundará en una comunicación amorosa, compasiva y en balance, evitando así una discusión o que nos perciban en tono de lucha.
]

¿Cómo le hago entender que sus críticas constantes me hieren y me molestan?

Esta es otra oportunidad para utilizar la asertividad. Veamos el siguiente ejemplo, tomado de mis casos de oficina.

Recuerdo esta pareja en la entrevista inicial. La esposa está exponiendo su punto de vista y en un momento oigo que su voz se quebranta y trata de exponer lo que estaba sintiendo. Luego de yo haberle preguntado cómo se sentía, inmediatamente su esposo interviene y me dice, «Doctor, disculpe, lo que pasa es que ella no sabe hablar y se le hace difícil decir lo que siente». *¡Ouch!* Podrás imaginar mi pensamiento en ese momento.

— Caramba, la realidad es que la estaba entendiendo muy bien y ella estaba hablando muy bien, lo que sucede es que está emotiva y por eso hizo la pausa. Si me lo permite, me gustaría seguir hablando con ella, porque yo la estoy entendiendo. ¿Usted ha tenido alguna dificultad en entender?

— Pues la verdad es que no, no he tenido problemas.

— ¿Por qué entonces dice que ella no sabe hablar? ¿O es que lo que quiso decir es que se le hace difícil expresar sus emociones, que fue lo otro que agregó? Ella lo está haciendo en dos vías: verbal y gestual, y de las dos maneras está comunicando.

— ¿Yo dije que ella no sabía hablar?

— Sí, eso dijiste —le ripostó su esposa. Él se quedó callado, un poco incrédulo.

— Señora, ¿desea continuar con lo que estaba diciendo?

— Él me critica todo el tiempo, me disminuye, me hace sentir menos de lo que soy y eso no me gusta. Al contrario, me hace quererlo cada vez menos.

Es importante entender que lo que el esposo hizo en terapia no es razón para brincar nosotros a la atribución negativa de que es un mal hombre, que no quiere a su pareja o que trata de controlarla. En la mayoría de los casos, me doy cuenta de que no es así. Es que algunas personas traen consigo un bagaje de comportamientos aprendidos, quizás de sus padres, que se presentan en su relación como una conducta correcta desde su perspectiva. No se dan cuenta de que actúan de manera espontánea y terminan hiriendo a su pareja y a la vez atacando su dignidad y autoestima.

La persona criticada, para evitar que esas verbalizaciones tomen un lugar en el diálogo y se conviertan en la norma, debe actuar con autoamor y autocompasión. Debe defender su postura y asumir una posición de igualdad en la relación.

Es preferible verbalizar tu incomodidad en cuanto a lo que acabas de escuchar, que aceptar una verbalización dañina y mal expresada y que se convierta en un patrón tóxico.

Es preferible verbalizar tu
incomodidad en cuanto
a lo que acabas de
escuchar, que aceptar una
verbalización dañina y mal
expresada y que se convierta
en un patrón tóxico.

En este caso la esposa, al ver que el terapeuta estaba dialogando sobre la crítica que acababa de recibir en la oficina, adoptó el patrón defensivo de víctima y contraatacó a su pareja, culpándolo de los problemas de la relación.

¿Cómo debió ser la contestación asertiva de ella una vez escuchó la crítica del esposo?

«Esposo, la realidad es que me siento incómoda al escucharte decir que no sé hablar. Entiendo que ese no es el problema, es que este asunto me emociona y tardé en describirlo. Me gustaría que en el futuro no menciones eso acerca de mi persona, porque no es algo que me haga sentir bien y, a la misma vez, no estoy de acuerdo.»

Esta no es la única manera, hay tantas maneras como palabras en el vocabulario. Es solo un ejemplo del 1-2-3 en la comunicación asertiva: 1. cómo me siento, 2. lo que pienso y 3. lo que pido.

¿Está bien pasar mucho tiempo sin dialogar?

El diálogo afectivo entre la pareja es una de las conductas que genera el apego en la relación. En terminos biológicos, es una de las maneras de generar la hormona oxitocina a la cual se le atribuye el apego en la pareja. Tener tiempo extendido sin dialogar con tu pareja puede crear un distanciamiento poco favorable. Se pueden respetar los espacios que pueda pedir uno o el otro en la comunicación, pero no es saludable mantener espacios prolongados sin conversar. Eso da lugar a que incremente el distanciamiento y puede llevar a un divorcio emocional y eventualmente una ruptura en la relación.

> «Es que nunca estamos tan indefensos frente al sufrimiento como cuando amamos, y nunca tan desamparadamente infelices como cuando hemos perdido nuestro objeto amado o su amor.» - Sigmund Freud.

Si el espacio de silencio se prolonga, toma la iniciativa para crear puentes y retomar la comunicación de vuelta con tu pareja. Puedes expresarlo de manera sencilla y genuina. Por ejemplo: «Extraño nuestras conversaciones. Me gustaría dialogar contigo. ¿Qué tal si cenamos el viernes en la noche?». No tengas miedo al rechazo, ya discutimos la estructura de comunicación para lograrlo. Inténtalo.

Una idea es tomar la iniciativa de hacer una actividad que ambos disfrutan en conjunto, dejando que la historia entre ambos actúe como un pegamento en la relación. Nunca descartes la posibilidad de buscar ayuda profesional si notas que tu relación está entrando en espacios prolongados de silencio, fallas de comunicación o distanciamiento. Este puede ser un mal síntoma, pero no es imposible de resolver.

¿Qué hacer cuando tratas de hablarle y te interrumpe sin escucharte?

Practica y modela la regla del oyente/parlante. Si te está hablando, tú le escuchas. Una vez tu pareja termine de hablar, le mencionas lo siguiente: «Te escuché atentamente. Me gustaría ser escuchada de igual manera y quisiera que me permitas terminar lo que tengo que decir. Una vez haya terminado, te lo voy a dejar saber para que reacciones y me digas tu opinión, ¿de acuerdo?».

> [Aprovecha cada oportunidad para practicar expresiones de amor entre ambos. Si haces esto a menudo, tu relación seguirá generando capas de protección contra cualquier enemigo que intente dañar el amor entre ustedes.]

La conducta de interrumpir el diálogo en ocasiones está motivada por la carga estresante que pueda tener la persona y los niveles de ansiedad que esté experimentando. No descartes, si lo crees prudente, detener el tema y dar una oportunidad para que tu pareja tenga un momento de catarsis (liberación de las emociones) contigo. Quizás es el momento de un abrazo de cuerpo completo o de dar y recibir caricias. Esto promueve la relajación y liberación hormonal que les va a hacer sentir más tranquilos y unidos el uno con el otro.

¿Cómo hago para que no se enoje cuando le digo las cosas?

Sigue de manera estricta las reglas de comunicación dadas en este libro. Resumo: habla evitando criticar, culpar, juzgar, traer cosas del pasado, sarcasmos, mofas, aires de superioridad, muecas, gestos que lleven un mensaje distinto al que estás verbalizando, y habla desde el yo y no desde el tú. Si logras esto y aún tu pareja se enoja, te aseguro que no es contigo o en tu contra. Así que, en ese momento, dirígete a escuchar a tu pareja y a ser el apoyo emocional que esa persona espera o necesita.

Si tratas de conectar emocionalmente y todavía recibes una reacción airada o de sobresaltos, entonces puedes utilizar la estrategia desarrollada por el doctor y psiquiatra Eric Leonard Bernstein, mejor conocido como

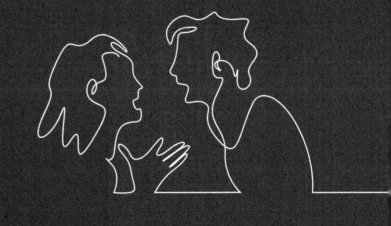

Eric Berne; el *análisis transaccional*. Esta estrategia sirve para lograr una comunicación efectiva. Los problemas emocionales tienen su raíz en la comunicación y las transacciones relacionales que cada persona brinda o recibe.

La estrategia del análisis transaccional postula que podemos encontrar una de tres personas distintas en el diálogo: el padre, el adulto, o el niño. Postula que cuando el diálogo es de padre a padre es un diálogo fallido, porque ambas personas están en la posición de jerarca y lo que hacen es dictar, mandar, dar instrucciones, regañar o cualesquiera otras actitudes que se le puedan asignar a la figura del padre.

Cuando ambos están en la posición de adultos, el diálogo es uno de respeto y diálogo asertivo. Las investigaciones del comportamiento hacen de la práctica de la asertividad una de las estrategias más eficaces para lograr esa conexión mágica, cósmica, tipo *Disneyland* a la cual todos aspiramos.

¿Qué puedo hacer cuando no me hace caso y tengo que perseguirle para que me conteste?

La recomendación es que tomen al menos quince a veinte minutos al día que sean exclusivos para dialogar sobre los asuntos que están pendientes entre ustedes. Esto es diferente del *time-out*, que sucede cuando ya una situación escaló. Esta recomendación es proactiva, es decir, es buscar establecer el diálogo antes de que surja una situación difícil. **Ese momento debe ser libre de televisor, electrónicos, celulares o cualquier otra distracción.** Deben dialogar y acordar ese tiempo para así crear una rutina que pueda repetirse todos los días. Ahora bien, ¡voy a darte una orejita!

Para garantizar que tu pareja se quede y se interese por ese espacio de diálogo, trata, en la medida que sea posible, que el contenido de información negativa sea de un 25%, versus un 75% de información positiva. Así, ese momento dará la oportunidad de hablar de las cosas no tan buenas, pero a la misma vez servirá de oasis para sentir un poco de paz y relajación, pues ambos se lo merecen. Si el contenido es mayormente positivo, de seguro van a querer tener más momentos de dialogo. Si por el contrario, el contenido va a ser en su mayoría negativo, es predecible que enfrenten dificultad para lograrlo. La clave es crear el espacio para construir y seguir creciendo.

Aquí les comparto otra herramienta útil: los cuatro pasos para llevar un mensaje correcto:

1. Comienza con un micro «sí»

2. Luego aporta datos

3. Haz una verbalización de impacto

4. Pide retroalimentación

Ejemplo: La pareja necesita un nuevo domicilio pues el contrato de renta actual está por vencer. La esposa, en comunicación informal con una amiga, le comenta lo que está pasando. La amiga le dice que no se preocupe, pues ella esta en espera de que le entreguen su próxima vivienda y que le encantaría que fuera ella quien viviese su actual apartamento. La esposa le comenta a la amiga que está súper agradecida, porque eso era una gran preocupación y que sabe que su apartamento es bello y van a estar súper cómodos. Además, su relación va más allá de la amistad, ambas se consideran familia. La esposa se lo comenta al esposo con suma alegría y dándole la buena noticia. Veamos ahora como aplicamos la estrategia de llevar un mensaje de manera correcta:

1. **Comienza con un micro «sí»**

   Esposo: —Sí, wao, me parece una buena noticia, ¡qué oportuno!

2. **Luego aporta datos**

   — Recuérdame, ¿el apartamento de tu amiga es un piso nueve, verdad? Te pregunto porque recuerda que para mí es bastante difícil manejar las alturas. Además, que la distancia al colegio del niño es relativamente igual a la actual y queríamos lograr un lugar más accesible al colegio.

3. **Haz una verbalización de impacto**

   — Me parece una buena gestión de su parte y una gran amabilidad de ella. Además, le tengo mucho amor a ella y su familia.

4. **Pide retroalimentación**

   — ¿Qué piensas de lo que te mencioné? Me gustaría escuchar tu opinión.

Es importante dar la oportunidad de escuchar la retroalimentación, pues de ahí pueden surgir ideas, ya sea para concretar la que tanto entusiasma a la esposa y le da seguridad así como para negociar alternativas. Por ejemplo, ella podría pedir la oportunidad de visitar el apartamento y ver si realmente es posible considerarlo o dejar que otras opciones fluyan.

¿Qué hago cuando el *time-out* y los veinte minutos no funcionan y no quiere hablar?

El que no quiera hablar mayormente se suscita cuando ya sucedieron varios intentos en la comunicación y se alcanzó un nivel de frustración por la incapacidad de lograrlo. Por lo tanto, si la estrategia del «tiempo fuera» (*time-out*) no resuelve y se mantienen más tiempo con el muro de piedra, pueden intentar las siguientes verbalizaciones.

— Entiendo que puedas estar frustrado por la conversación previa. Reconozco que quizás dije cosas que no fueron las más prudentes. Me disculpo y me gustaría retomar el tema, porque entiendo que es importante para ambos.

— Acepto que puedo comunicarme de mejor manera contigo, lo hice y estaba un poco emocional y no es lo correcto. Me siento ya preparado para hablar nuevamente, me gustaría saber si tú lo estás o, si no, cuándo es el mejor momento para dialogar.

— Entiendo que aún estés resentida, lo entiendo y asumo responsabilidad. Déjame saber cuándo podemos retomar el diálogo.

Trata, sin ser incisivo, de al menos sacar un compromiso de día y hora. Quédate tranquilo, porque al menos lograste un compromiso para la continuidad. Es probable, estimado lector, que estés pensando lo siguiente: «Pero, doctor, es que yo no tuve la culpa de lo que pasó, es que yo no fui quien se alejó, etc.» Te hago la pregunta: ¿qué es más importante: defender tu ego, justificar que eres superior, o reconectar con tu pareja y mantener una relación saludable? Analiza: ceder, ser paciente, generar empatía con mi pareja, hacer intentos de reparación de la relación, ¿me hacen mejor o peor persona?

Recuerda que decidiste
estar en una relación para
ser feliz por amor, no para
ser castigado cada vez que
difieran en algún punto o
cuando la otra persona es
incapaz de expresar sus
sentimientos de manera
efectiva. La compasión es la
respuesta, más compasión y
menos silencio.

Si nada de lo anterior funciona, entonces es el momento de recurrir a un profesional de la conducta o un intermediario que ambos entiendan es una persona neutral. Ambos deben confiar en que van a recibir un consejo sabio o un punto de vista objetivo para mediar el tranque.

¿Cómo puedo no molestarme cuando me ignora a propósito?

Ser ignorado en una conversación, y sobre todo en una relación, es doloroso, porque atenta directamente contra tu dignidad y tu valía como persona. El silencio **intencionado** y con el objetivo de herir en una relación se puede interpretar como un acto de violencia. Se le conoce como agresión pasiva y tiende a hacer sentir mal a la persona que recibe el silencio, pues va en contra de su integridad como persona. El objetivo es evadir una conversación importante, mantener el *status quo* y minar tu carácter. Te coloca en una situación incómoda, obligándote a ceder en ocasiones a situaciones que van en contra de tu voluntad o deseo. No en balde genera molestia o incomodidad.

El silencio, u optar por no hablarle a la pareja, es una de las cosas que mata el amor en la relación. Si esta conducta se normaliza (se convierte en una repetitiva), es un predictor de que la relación puede fracasar en términos de alrededor de un año desde que la conducta se presenta. Si estás en una relación donde se te castiga con el silencio, debes considerar buscar ayuda profesional.

Recuerda que decidiste estar en una relación para ser feliz por amor, no para ser castigado cada vez que difieran en algún punto o cuando la otra persona es incapaz de expresar sus sentimientos de manera efectiva. La compasión es la respuesta, más compasión y menos silencio.

¿Por qué me pone tanta falta?

La contestación a esta pregunta te va a sorprender. **Si te pone mucha falta es porque tú le permitiste que te pusiera la primera falta.** A partir de ese momento, se abrió un espacio para recibir ataques sin establecer una defensa donde se marcaran los límites del respeto. La buena noticia es que no es tarde para hacerlo. Lo bueno de la comunicación asertiva es que puedes expresar lo que sientes sin ofender a la otra persona y te sirve como una herramienta para aumentar tu dignidad y autorespeto.

Por ejemplo, podrías utilizar una comunicación como la siguiente. «¿Sabes? Recuerdo las cosas hermosas que nos decíamos cuando nos enamoramos y decidimos vivir juntos y establecer una relación. Realmente me gustaría rescatar aquellas frases hermosas que compartimos y que lograron hacer que nos enamoráramos. Las faltas y las críticas desmerecen la razón misma de esta relación, que es el amor entre nosotros. Te voy a pedir por favor que demuestres el amor que me tienes y que nos unió, hablándome con respeto y de manera amorosa.»

Esta verbalización, desde luego, puede ser modificada como mejor se ajuste a ti. Lo importante es que dejes saber que eres una persona digna que está en una relación por amor y que merece respeto, igual que como tú le respetas. Si no es así, es momento de comenzar, y si lo haces y no recibes lo mismo de vuelta es momento de tomar decisiones y buscar ayuda profesional.

¿Qué puedo hacer si mi pareja siempre tiene la razón?

Cuando percibes que tu pareja siempre tiene la razón es muy probable que esté a la defensiva. Su diálogo puede estar lleno de expresiones que aseveran y explican el contenido de lo que quiere decir, en ocasiones de manera vehemente.

En este caso, puedes utilizar varias estrategias. Escucha lo que tu pareja está diciendo y busca en el contenido aquellas cosas que coinciden con tu pensamiento. Inmediatamente, déjale saber que coincides con lo que está mencionando.

Esta estrategia es espectacularmente efectiva, porque toma como punto de inicio en la conversación las coincidencias y no las diferencias. De seguro tu pareja va a querer escuchar, porque coinciden u opinan igual en esos puntos. Entonces, pregúntale qué piensa acerca de aquellas áreas en que no coinciden. Luego de que tu pareja hable, le vas a pedir que escuche tus ideas. Invita también a traer ideas nuevas que ambos puedan aportar sobre el asunto en cuestión.

Recuerda usar la estrategia de diferir con madurez en los puntos en que no están de acuerdo. Quizás no es que siempre tiene la razón, sino que es normal que la mayoría de las veces no estés de acuerdo.

¿Cuándo debo responder con coraje y gritos?

Esta respuesta es sencilla, NUNCA. Puedes ser enfático utilizando un tono y acentuación en los aspectos que quieres destacar, pero nunca debe ser a gritos y no debes permitir que tus emociones negativas tomen el control o definan el mensaje que quieres llevar. Cuando sientas que vas a perder el control, es el momento de pedir un tiempo fuera en la conversación. Aléjate, pero antes de retirarte lleguen a un acuerdo sobre en qué momento van a retomar la conversación. Acuerda el mejor momento y cumple el acuerdo.

[
La manera saludable de manejar los
asuntos es en los momentos en que
las emociones no son las que están
en el asiento del conductor. Recuerda
que el tono y el volumen en el diálogo
son esenciales para llevar el mensaje
de manera correcta. La mejor manera
de saber cuál es el tono y el volumen
apropiado es preguntándole a tu pareja.
]

¿Por qué me echa la culpa en todas las discusiones?

¿Has escuchado el dicho popular de «la culpa es huérfana»? La sabiduría popular lo menciona por algo: a nadie le gusta ser culpado. De hecho, al igual que quedarse callado y apartarse del diálogo, criticar y utilizar expresiones ofensivas contra la pareja son factores que terminan el amor en la relación. Culpar a la pareja no es una opción. La manera de trabajar para no ser culpado es verbalizar de manera efectiva y asertiva que no aceptas los señalamientos y que no es algo que debería suceder en la relación. Claro está, la clave estriba en hacerlo sin levantar una reacción negativa en el emisor y sin caer en los errores de culpar de vuelta, percibirse de manera defensiva y sin juzgar a la pareja por la falla en comunicación. ¿Muchas instrucciones? Tranquilo, te doy un ejemplo.

En una familia reconstituida (previamente divorciados y en su segunda relación) la actual esposa se encontraba disfrutando un juego virtual junto al hijo biológico de su esposo. El esposo se preparaba para hacer su *jogging* matutino. Le dice a la esposa: ¿Puedes preparar la mezcla de los *waffles* para yo hacer el desayuno cuando regrese? Ella le dice que sí y continúa jugando con el niño.

Al cabo de cuarenta minutos el hombre regresa, encuentra a ambos aún jugando y la mezcla no está hecha. La reacción del esposo es de molestia y frustración, pero en vez de actuar en amor y compasión hacia la mujer que está jugando con su hijo biológico, que es a vez su esposa y a quien le juró amor eterno, le dice: «*Wao*, qué bien está la mezcla de *waffles*» (con sarcasmo). Ella replica, «No la hice porque el niño no quiere *waffles*». Fíjate que ella permitió el sarcasmo como una comunicación aceptada. Él contesta: «Ah, ¿y porque mi hijo no quiere *waffles* nadie desayuna en esta casa? Si fuera tu hijo de seguro hubieses preparado otra cosa». Pasa a juzgarla con una atribución negativa. Sabrán que lo próximo es una dinámica de crítica, actitud defensiva y crítica de vuelta hasta que alcanza niveles estratosféricos de frustración y agresión. Esto es un ejemplo de lo que NO debe suceder.

Veamos cómo ella pudo hacer una verbalización asertiva ante los ataques del esposo: Él: «*Wao*, qué bien está la mezcla de *waffles*». Ella: «No me siento cómoda con el sarcasmo. Lo justo es que me hagas la pregunta directa de lo que sucedió. De esa manera te hubiese contestado que el niño no quiere *waffles* y que salió de él que te esperáramos para ver qué deseabas desayunar, para que lo hiciéramos juntos en familia.»

Recuerda la estructura: lo que siento, lo que pienso y lo que espero o pido.

¿Y si los dos queremos decir la última palabra?

Es importante entender que tratar de decir la última palabra en una conversación es partir desde el foco de mi propio ego, o de una autoestima lastimada. Es una manifestación de una actitud defensiva, donde decir la última palabra implica que fui yo quien tuvo la razón. Esto no es cónsono con un diálogo constructivo, donde ambos se enfocan en el asunto y no en la persona. Al final, no importa quién termina la oración, sino que salieron de la conversación logrando un acuerdo que ambos consideran justo y razonable.

¿Por qué vuelve a repetir el pasado?

Estoy de acuerdo con que no vale la pena traer situaciones del pasado que son dolorosas o difíciles de recordar en el presente. Sin embargo, con unas buenas estrategias de comunicación podemos cerrar ese ciclo del pasado, logrando un entendimiento profundo de lo que sucedió sin generar una actitud defensiva o dolor en el manejo del tema.

Ahora, es importante anotar que, si luego de implementar las estrategias se continúa trayendo el tema del pasado al presente, es probable que exista un impacto emocional traumático. Si el tema es uno recurrente, se ha tratado de subsanar en multiplicidad de ocasiones y aún sigue siendo un tema subyacente en los momentos de tensión, es muy probable que uno o ambos en la relación necesiten ayuda profesional para poder sobrellevarlo.

¿Por qué me dice cosas sin pensar, me hiere y luego no se disculpa?

Esto suele ocurrir con más frecuencia de lo que ustedes se imaginan. Muchas personas se ponen muy emocionales con los temas, son muy impulsivos y pueden verbalizar cosas hirientes. Luego, tratar de revertirlas es imposible. Recuerda que las palabras pueden ser utilizadas tanto para enamorar a tu pareja como para destruir a un enemigo.

Voy a tomar un poco más de tiempo en esta contestación, porque es importante saber que los adultos, en ocasiones, nos comportamos casi igual que como actúa el cerebro de un niño. Los niños, para evitar el castigo o para recibir una recompensa, en ocasiones utilizan la culpa, la negación o la evasión. Ejemplo: un niño reacciona emocionalmente ante la rotura de su juguete preferido. Al preguntarle qué sucedió, puede decir que fue culpa del otro (responsabilizar a otros), decir que no sabe qué pasó (negación) o quedarse callado y salir corriendo o llorando (evasión). Cuando los adultos enfrentan una situación estresante que amenaza su estabilidad o balance emocional, tienden a reaccionar como los niños. La negación de los adultos se puede percibir como testarudez, decepción e insensibilidad.

Veamos el siguiente ejemplo. El suegro de esta joven entra a su casa sin el uso de la mascarilla en tiempo de pandemia. Ella le dice muy respetuosamente a Don Pepo: «Me enteré de que ya usted está vacunado, gracias a Dios, pero lo he visto en su página de *Facebook* compartir con otra gente sin el uso de la mascarilla. Nosotros aún no estamos vacunados. Le pido por favor que use la mascarilla cuando nos visite». La respuesta del suegro es: «Al carajo con la gente».

Esta es una respuesta de evasión. «Si no hablamos del tema, no tengo que invertir tiempo en asumir la vergüenza que me provoca que mi nuera me esté diciendo algo que tiene razón, y que además me lo esté diciendo de manera asertiva.»

Voy a extender este ejemplo, porque tiene una secuela interesante que sirve para destacar lo que resalto en este libro. El hijo del caballero de sesenta años responde en defensa del honor de su esposa, y le contesta: «Papi, ¿qué haces hablándole así a mi esposa? Eso no está bien, a mi esposa se le trata con respeto». El señor, que ahora siente más vergüenza que al inicio, le contesta a su hijo. «*Okay*, vamos a dejar el tema. No ha pasado nada».

Imaginen ustedes la posición de la nuera, donde acababa de ser ofendida y el suegro no es capaz de asumir responsabilidad de lo sucedido. Esta conducta en algunas familias tiende a ser común. Nunca se habla del asunto, ni de las cosas que sucedieron, porque con barrerlas debajo de la alfombra, basta. Lo peligroso de esto es que, si no se habla y se asume responsabilidad, se va a generar una acumulación de eventos no discutidos que terminan causando una distancia en la relación que puede resultar en la terminación de la misma. Un gesto tan sencillo como decir: «Tienes razón, nuera, déjame ponerme la mascarilla. Lo pasé por alto, gracias», hubiera bastado.

La evasión es un problema de comunicación bastante común. Otro ejemplo: «No quiero hablar de eso ahora, déjame solo. ¿No ves que te dije que no quiero hablar de eso, por favor? ¡Basta ya, cállate!».

La evasión es mayormente una forma de comunicación indirecta y se puede reflejar en comportamientos de *workaholics* (trabajar demasiadas horas), beber demasiado, comer demasiado, sobreejercitarse, hipersexualidad, estar metido en el teléfono inteligente la mayor parte del tiempo o, nuevamente, el mecanismo predilecto y más escogido por los varones, crear el muro de piedra.

Lo que recomendamos en este libro es asumir la responsabilidad y levantar la mano cuando se comete un error. Hay que aceptarlo y hacer un compromiso real de que se va a trabajar para eliminar esa conducta, o disminuirla hasta poder dominarla y que desaparezca para siempre. Recuerda que estás en una relación por amor y no para herir a tu pareja o destruir la relación. Y si eres la pareja que recibe este comportamiento, utiliza las técnicas de comunicación asertiva ya discutidas y expresa tu incomodidad.

Pero, si luego de haber desarrollado casi un doctorado *Honoris Causa* en comunicación, tu pareja continúa sin disculparse por lo que tú interpretas como fallas en su conducta, entiendo que se justifica una expresión amorosa y en dignidad. «Amor, estuve reflexionando sobre las veces que yo cometo un error o hago algo que te pudo haber incomodado, y me he visto levantando la mano para asumir mi responsabilidad. Sabes que me gustaría mucho que pasara lo mismo para conmigo. Creo que es justo y a la vez pienso que me lo he ganado. Al final, yo lo hago porque te amo y te respeto y quisiera sentir lo mismo a cambio. ¿Qué piensas? En otras palabras, ¡me gustaría mucho sentir que me hablas con amor!»

¿Las personas pueden cambiar?

La contestación es un rotundo SÍ, por supuesto que las personas pueden cambiar. De lo contrario, la profesión de la sicología no hubiese sobrepasado los 100 años.

[El cambio exige, primero, que la persona acepte que existe un problema. Segundo, que sepa cómo cambiarlo y, tercero, que se dirija a practicar de manera consistente las conductas esperadas.]

Así, cambia aquellas conductas negativas hasta que adoptes en tu diario vivir la nueva rutina que contiene las conductas correctas. Si esto sucede, te aseguro que, con la práctica y la consistencia, se van a generar nuevas asociaciones neuronales. A su vez, se sustituirá el viejo patrón. Una vez se logre, habremos obtenido un cambio conductual.

¿Por qué no podemos vivir en paz y armonía si nos casamos por amor?

Quizás porque olvidamos que necesitamos practicar el amor a diario para poder vivir en paz y armonía. Parecería que mi contestación es un juego de palabras o una contestación cursi a una pregunta muy válida y profunda, pero no lo es. La realidad es que debemos hacer un esfuerzo consciente con nuestras dinámicas de comunicación y trabajar para que lo que expresemos sea un reflejo de nuestras buenas intenciones, nuestro amor y el deseo de crear un ambiente que genere paz y armonía.

Además, es hora que sepa, mi querido lector, que la ausencia de problemas no es una opción de vida. Aquél que no tiene problemas es porque, o está en estado comatoso (lo que pudiera ser un problema) o en el cementerio. Los mal llamados problemas no son otra cosa que una oportunidad que nos da la vida para poder mejorarnos cada vez más. Es una oportunidad para desarrollar el músculo emocional, crecimiento espiritual y cercanía a una mejor versión de uno mismo. Así que, los estadios de paz y armonía los vas a poder disfrutar cada vez que conquistes un problema superado. Disfrútalo y prepárate para el próximo problema que va a llegar. «La vida es lucha toda», dijo Juan Antonio Corretjer, poeta y autor puertorriqueño.

Precisamente ayer en la noche trabajaba con este hombre joven, casado y padre de una niña de siete años quien es la luz de sus ojos. Él me mencionaba que había hecho todas las tareas que le asigné, que había incrementado el número de tareas en el hogar, que se estaba haciendo cargo de estudiar con la niña, que estaba llegando más temprano a la casa, etc. Pero, la esposa seguía igualmente a la defensiva.

Él me preguntó qué estaba haciendo mal. Le mencioné que mi sospecha era que su diálogo, su estilo de comunicar podría estar afectado por pequeños errores que no le permitían poder llegarle al corazón de su amada. Le pedí que me compartiera algunos de los eventos que él recordaba donde no había podido entablar un diálogo amoroso con su pareja. Él me compartió el siguiente ejemplo:

Ella está en su establecimiento de trabajo (del cual es propietaria) y uno de sus clientes le pregunta varias veces en qué lugar estaba el producto que buscaba. Ella, en la tercera ocasión, le dice al cliente: «Mira, mi amor, no es en esa tablilla sino en la primera de arriba». Su esposo, mi cliente, cuando están en la intimidad de su casa le dice a la esposa: «Hoy en el trabajo le dijiste a un cliente 'mi amor' y eso no está bien. No deberías hacer eso.»

Di un espacio mirándolo fijamente, luego me sonreí con él mientras miraba su expresión de: «¡¿Queeé?! ¿Qué hice mal?» Le mencioné lo siguiente: «Entiendo tus sentimientos. No obstante, el mensaje ella lo pudo recibir como que le estabas dando instrucciones de lo que debe hacer, que la quieres controlar y que eres inseguro, celoso. Estoy seguro que puedes decir lo mismo de manera distinta sin generar ninguna de las percepciones anteriores.»

Estimado lector, espero que te hayas dado cuenta de que usé la estrategia del sándwich para comunicarle mi consejo a mi cliente. Continúe diciendo que le pudo haber hablado de manera diferente a su esposa: «Querida, ayer vi que le dijiste 'mi amor' a un cliente y me chocó, porque es algo que me dices a mí que soy tu esposo. Me encantaría que fuera algo exclusivo para mí, si es que estás de acuerdo».

> [La realidad es que no podemos controlar lo que dice nuestra pareja, ni ninguna otra persona. Lo que sí podemos hacer es tratar con respeto y actos de amor a nuestra media naranja para que ganemos el que nos diga «mi amor». Para recibir amor hay que dar amor.]

A manera de repaso, te doy otra respuesta a esta misma pregunta.

Hay múltiples factores que pueden interferir con la dinámica de la relación. Por ejemplo, la crianza de ambos, los estilos de comunicación de los padres, si estos tenían alto grado de conflicto, si son separados, si estuvieron juntos y no tenían las mejores estrategias de comunicación.

Y seguimos: el nivel de escolaridad, el carácter de la persona, los niveles de estrés, el nivel de tolerancia al estrés, las experiencias de vida y cómo las percibimos, entre otras razones, son factores que intervienen en la paz y en la armonía de la relación.

Recalco que el objetivo principal de este libro es brindarte las estrategias y herramientas necesarias para poder lograr una comunicación efectiva, directa, abierta y amorosa. Además, que puedan sobrellevar todos los factores que mencioné antes sin tener que entrar en una evaluación sicológica profunda y un repaso exhaustivo de las dinámicas de relación. Todo esto requiere práctica, práctica, práctica y más práctica, hasta que puedas dominar las estrategias que aquí se brindan. Con solo leer el libro no es suficiente; hay que ponerlo en función. Como terminó diciendo mi joven cliente cuando practicamos varias situaciones distintas: «Doctor, quizás tenga que hacer esto mismo con mis empleados y clientes». Contesté con un absoluto «sí», porque me pareció una idea genial.

¿Cómo hacer para que ponga en práctica lo que acordamos?

Me encanta esta pregunta. La contestación es muy simple. Concéntrate en hacer tu parte. Solamente tu parte. Trabajar tus comunicaciones, realizar tus acuerdos, procurar dar sin esperar a cambio, practicar la paciencia, la comprensión, la empatía, en fin, ser mejor persona cada día. Esto debe ser suficiente para hacer que tu pareja se estimule a realizar su parte.

Pero si no ocurre, ¿qué pasa? Pues tendrás que analizar y tomar tus propias decisiones. Te menciono que, en mi experiencia terapéutica, muchas parejas se han rescatado en el punto de ruptura, pues hay personas que no comprenden lo que tienen hasta que no se enfrentan a la posibilidad de perder a esa gran persona. Pero, si este fuera tu caso, quédate en la tranquilidad de que el proceso de trabajo y crecimiento no fue en vano, pues sirvió para tu crecimiento personal y emocional. Yo, como terapeuta de pareja pro familia, sigo apostando a que sembrar genera frutos, pero no los verás sin esfuerzo y trabajo arduo.

TE HABLÉ DESDE
EL AMOR

Mi gran deseo al terminar de leer este libro es que puedas poner en práctica estas reglas básicas y esenciales, para así mejorar los mensajes que le llevas a tu pareja y a las personas con quienes te relacionas día a día. Si por esta lectura puedes comenzar a tener diálogos más asertivos, diáfanos, sencillos y sin errores, se logró el objetivo principal de mi escritura.

El propósito es que, de ahora en adelante, logres conectar con las emociones de tu pareja, con sus deseos y su estilo de comunicación más amado. Sin embargo, hay ocasiones en las cuales hace falta un apoyo externo. En otras, las condiciones negativas escalan a tal nivel que es necesaria la intervención de un profesional en terapia de pareja. Si esa es tu situación actual, no dudes en comunicarte conmigo. Juntos podemos salvar tu relación.

Https://doctoroquendo.com

Hablar con amor no es una petición cursi, «rosita» o frívola; matizar y mejorar otras vidas, tanto emocional y psicológicamente, partiendo desde nuestro lenguaje, es una obligación y un deber humano.

Si cada uno de nosotros asume esa gran responsabilidad, el resultado colectivo pudiera ser que, como sociedad, alcancemos a ver los inicios de lo que sería el preciado paraíso en nuestra existencia. Solo te pido, mi querido amigo, y con esto me despido, que sencillamente nos HABLEMOS CON AMOR.

PERFIL DEL
AUTOR

El Dr. Reinaldo Oquendo Vega, nacido en Puerto Rico, es sicólogo licenciado. Su preparación académica inicial es en las áreas de tecnología de ingeniería industrial y gerencia de operaciones. Esto le sirvió para trabajar en empresas farmacéuticas y textiles que forman parte de la lista *Fortune 500*, como Abbott, Johnson & Johnson, Sara Lee, Playtex, entre otras. Mientras laboraba en la manufactura, cursó estudios doctorales en el área de sicología industrial organizacional en la Universidad Carlos Albizu, Recinto de San Juan e hizo su especialidad en terapia de pareja y familia en la Escuela de Medicina de Ponce, conocida hoy como Ponce Health Sciences University.

El doctor Oquendo además posee una certificación profesional en el área de trauma clínico del Instituto de Psico-Traumatología de Puerto Rico y ha sido proveedor de servicios en eventos traumáticos en su país natal durante la última década. Lleva alrededor de quince años dedicado a la practica privada, trabajando con parejas y familias a la vez que es consultor, tallerista y conferenciante para empresas privadas y gubernamentales. Su exitosa práctica le da la oportunidad de compartir su experiencia y conocimiento en medios masivos de comunicación. Al momento de escribir este libro es recurso en el área de sicología y pareja y familias de Noticentro al Amanecer, noticiero matutino de la cadena televisiva Wapa América.

Para consultas y para comunicarse con el Dr. Oquendo:

Https://doctoroquendo.com

REFERENCIAS

APA Dictionary of Psychology. (2020). Https://Www.Apa.Org/. Consultado el 28 de noviembre de 2021, de https://dictionary.apa. org/assertiveness

Beck, A. T. (1993). Cognitive therapy: Past, present, and future. *Journal of Consulting and Clinical Psychology*, 61(2), 194–198. https://doi.org/10.1037/0022-006x.61.2.194

Berne, E. (1958). Transactional Analysis: A New and Effective Method of Group Therapy. *American Journal of Psychotherapy*, 12(4), 735–743. https://doi.org/10.1176/appi. psychotherapy.1958.12.4.735

Bindel, Julie (16 de agosto de 2015). «The village where men are banned». The Guardian (en inglés). Consultado el 10 de septiembre de 2021.

Biography.com Editors. (2019, 4 septiembre). *Mahatma Gandhi*. The Biography.Com. Consultado el 22 de diciembre de 2021, de https://www.biography.com/activist/mahatma-gandhi

Canipe, C. (2020, 3 noviembre). *United States 2020 live election results*. Reuters. https://graphics.reuters.com/USA-ELECTION/ RESULTS-LIVE-US/jbyprxelqpe/

Carter, R. (2019). *The human brain book: An illustrated guide to its structure, function, and disorders*. DK Publishing (Dorling Kindersley).

¿Cómo produce sus efectos la cocaína? (2020, May 21). National Institute on Drug Abuse. https://nida.nih.gov/es/ publicaciones/serie-de-reportes/cocaina-abuso-y-adiccion/ como-produce-sus-efectos-la-cocaina

Derntl, B., Pintzinger, N., Kryspin-Exner, I., & Schöpf, V. (2014). The impact of sex hormone concentrations on decision-making in females and males. *Frontiers in Neuroscience, 8.* https://doi. org/10.3389/fnins.2014.00352

Editorial Verbo Divino. (1995). *Biblia Latinoamericana* (Edicion Pastoral ed.). Editorial Verbo Divino.

Fisher, H. (2009, 16 febrero). *The brain in love* [Vídeo]. TED Talks. https://www.ted.com/talks/helen_fisher_the_brain_in_love/ transcript?language=en

Fisher, H. E., Aron, A., & Brown, L. L. (2006). Romantic love: a mammalian brain system for mate choice. *Philosophical Transactions of the Royal Society B: Biological Sciences, 361*(1476), 2173–2186. https://doi.org/10.1098/rstb.2006.1938

Freud, S. (1930). *Civilization and its discontents.* Archive. Org. Consultado el 22 de diciembre de 2021, de https:// archive.org/details/in.ernet.dli.2015.221667/page/n7/ mode/2up?q=Civilization+and+Its+Discontents

Freud, S. (1959). *An autobiographical study, inhibitions, symptoms and anxiety, the question of lay analysis, and other works; translated under the general editorship of James Strachey in collaboration with Anna Freud, assisted by Alix Strachey and Alan Tyson. [With portraits.].: Vol. XX.* The Hogarth Press and Institute of Psycho-Analysis. https://www.sas.upenn.edu/~cavitch/pdf-library/Freud_Autobiographical_Study.pdf

Fulwiler, M. (2021, 5 febrero). *Managing Conflict: Solvable vs. Perpetual Problems.* The Gottman Institute. https://www.gottman. com/blog/managing-conflict-solvable-vs-perpetual-problems/

Gardner, B., Lally, P., & Wardle, J. (2012). Making health habitual: the psychology of 'habit-formation' and general practice. *The British journal of general practice : the journal of the Royal College of General Practitioners, 62*(605), 664–666. https://doi.org/10.3399/bjgp12X659466

Goldenberg, H., & Goldenberg, I. (2004). *Family Therapy: An overview* (Sixth ed.). Brooks/Cole-Thompson Learning.

Gottmal, J., & Schwartz Gottman, J. (2012). *The art and science of lovemaking: research based skilss for a great sex life*. The Gottman Institute.

Gottman, J. M., & Silver, N. (2013). *What makes love last? How to build trust and avoid betrayal*. Simon & Schuster Paperbacks.

Harari, Y. (2018). *Sapiens: A Brief History of Humankind* (Reprint ed.). Harper Perennial; Reprint edition.

Hawkins, Dereck (31 de diciembre de 2019). «Amazons were long considered a myth. These discoveries show warrior women were real.» The Washington Post (en ingles). Consultado el 10 de septiembre de 2021.

Hysi, G. (Ed.). (2015). *Conflict resolution styles and health outcomes in married couples: a systematic literature review*. (Números 2308–0825). https://www.researchgate.net/publication/304246577_conflict_resolution_styles_and_health_outcomes_in_married_couples_a_systematic_literature_review

Kiecolt-Glaser, J. K., & Wilson, S. J. (2017). Lovesick: How Couples' Relationships Influence Health. *Annual review of clinical psychology*, 13, 421–443. https://doi.org/10.1146/annurev-clinpsy-032816-045111

Lally, P., van Jaarsveld, C. H. M., Potts, H. W. W., & Wardle, J. (2009). How are habits formed: Modelling habit formation in the real world. *European Journal of Social Psychology*, 40(6), 998–1009. https://doi.org/10.1002/ejsp.674

Love, P., & Stosny, S. (2008). *How to Improve Your Marriage Without Talking About It*. Adfo Books.

Lusignan, K. (2021, 4 febrero). *5 Things Men Can Do to Strengthen Their Relationship*. The Gottman Institute. https://www.gottman.com/blog/five-things-men-can-do-to-strengthen-their-relationship/

McLeod, S. A. (2020, marzo). Maslow's hierarchy of needs. *Simply Psychology*. https://www.simplypsychology.org/maslow.html

Mintle, L. (2008). *Me casé contigo, no con tu familia: Este y otros nueve mitos que arruinarán su matrimonio*. Casa Creación.

Negociado de Estadísticas del Trabajo. (2019, mayo). *Participacion de la Mujer en la Fuerza Laboral-Promedio Año Natural 2018* (Rev. Censo 2010). Departamento del Trabajo y Recursos Humanos Gobierno de Puerto Rico. http://www.mercadolaboral.pr.gov/lmi/pdf/Grupo%20Trabajador/2019/PARTICIPACION%20DE%20LA%20MUJER%20EN%20LA%20FUERZA%20LABORAL.pdf

Real Academia Española. (2020). *Diccionario de Lengua Española-Definición egoísmo*.

Consultado el 12 de noviembre de 2021, de https://dle.rae.es/ego%C3%ADsmo

Real, T. (2007). *The New Rules of Marriage (English Edition)*. Ballantine Books.

Sandow, E. (2011). *On the road: Social aspects of commuting long distances to work*. DIVA. http://umu.diva-portal.org/smash/record.jsf?pid=diva2%3A415050&dswid=9113

Sandow, E. (2014). Til Work Do Us Part: The Social Fallacy of Long-distance Commuting. *Urban Studies*, 51(3), 526–543. https://doi.org/10.1177/0042098013498280

Stosny, S. (2018). Empowered Love: Use Your Brain to Be Your Best Self and Create Your Ideal Relationship. Ixia Press.

Stosny, S. (2008). *Love without hurt: Turn your resentful, angry, or emotionally abusive relationship into a compassionate, loving one* (1.a ed.). Da Capo Lifelong Books.

The Gottman Institute. (2021, 12 agosto). *The Four Horsemen*. https://www.gottman.com/blog/category/column/the-four-horsemen/

Tony, R. (2021, 3 noviembre). *10 strategies on how to rekindle a relationship | Tony Robbins*. Tonyrobbins.Com. https://www.tonyrobbins.com/love-relationships/5-ways-to-rekindle-a-relationship/

Trump, M. (2021, 18 enero). BE BEST. The White House. Consultado el 22 de diciembre de 2021, de https://trumpwhitehouse.archives.gov/bebest/

World Peace Starts At Home | Julie Schwartz Gottman | TEDxVeniceBeach. (2018, 2 octubre). [Vídeo]. YouTube. https://www.youtube.com/watch?v=FrSt7o_gE3Q&t=4s

Made in the USA
Columbia, SC
29 August 2024

41284694R00078